LE
PALAIS DE JUSTICE
DE NIMES

NOTICE HISTORIQUE ET DESCRIPTIVE

sur

les édifices judiciaires nîmois,

de la Basilique romaine au Palais actuel,

AVEC QUATRE VUES PHOTOTYPIQUES HORS TEXTE,
LE TABLEAU DES MAGISTRATS DE LA COUR D'APPEL DEPUIS 1811
ET LA LISTE DES BATONNIERS DE L'ORDRE DES AVOCATS DEPUIS 1812

PAR

Michel JOUVE,

DOCTEUR EN DROIT,
CONSEILLER A LA COUR D'APPEL
MEMBRE DE L'ACADÉMIE DE NIMES

NIMES
LIBRAIRIE ANCIENNE DEBROAS-DUPLAN
— Rue des Arènes —
1901

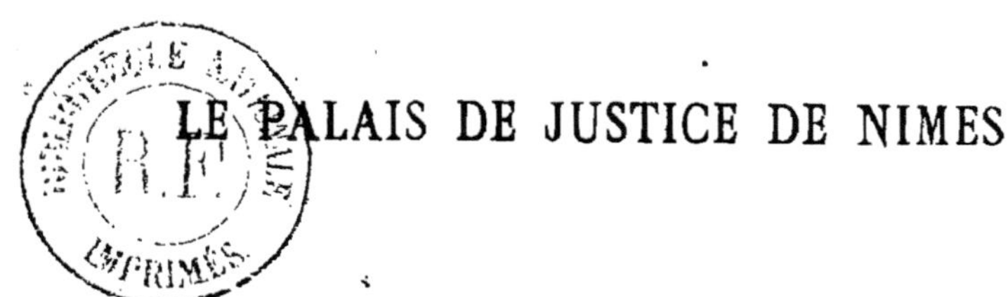

LE PALAIS DE JUSTICE DE NIMES

LE
PALAIS DE JUSTICE
DE NIMES

NOTICE HISTORIQUE ET DESCRIPTIVE

SUR

les édifices judiciaires nimois,

de la Basilique romaine au Palais actuel,

AVEC QUATRE VUES PHOTOTYPIQUES HORS TEXTE,

LE TABLEAU DES MAGISTRATS DE LA COUR D'APPEL DEPUIS 1811

ET LA LISTE DES BATONNIERS DE L'ORDRE DES AVOCATS DEPUIS 1812.

PAR

Michel JOUVE,

DOCTEUR EN DROIT,
CONSEILLER A LA COUR D'APPEL,
MEMBRE DE L'ACADÉMIE DE NIMES.

NIMES
LIBRAIRIE ANCIENNE DEBROAS-DUPLAN
— Rue des Arènes —
1901

LE

PALAIS DE JUSTICE

DE NIMES

INTRODUCTION

L'histoire du monument liée à celle de la cité. — Dix-huit
siècles d'édifices judiciaires sur le sol du Palais de Justice
actuel. — Sources et documents consultés.

L'histoire des monuments publics se lie intimement à
celle des hommes qui les bâtirent et y abritèrent la vie
changeante de leurs institutions. Temples , citadelles ,
palais, cathédrales, hôtels de ville, écoles, maisons du
peuple, sont les formes extérieures où s'incarne, en ses
manifestations et ses métamorphoses , l'âme sociale.
L'évolution humaine se reflète, d'époque en époque, et
dans chaque pays, aux destinations et aux aspects des
architectures.

Nulle histoire ne montre, mieux que celle du Palais de
Justice de Nimes, ce reflet des hommes sur leurs édifices,
ne révèle mieux, aux murs que dressèrent les générations successives, l'empreinte de leur être collectif. Les
transformations du monument évoquent celles de la cité,
et leur spectacle ressuscite des âges morts, de lointaines
figures d'aïeux disparus, donne de leur idéal, de leurs
besoins, de leurs souffrances, la plus vivante sensation.

Cette histoire n'a jamais été racontée. Elle mériterait

qu'on l'entreprît. C'est une simple ébauche que j'ai voulu
en écrire. Appelé comme syndic de la Cour d'appel à
prendre quelque soin du Palais où siège notre juridiction, j'éprouvai le désir de connaître ses origines, les
vicissitudes de cette parcelle du vieux sol nimois qu'il
occupe à côté de l'amphithéâtre romain toujours debout.
L'étude à laquelle je dus me livrer ne fut pas sans difficulté (1). J'en ai résumé ici les résultats.

Derrière la façade érigeant, au midi, sur l'Esplanade,
le haut fronton du Palais de Justice, s'étend une île allon-
gée de constructions, de cours, et de jardins. Au levant,
la rue Régale, au couchant, le boulevard des Arènes, et,
après les prisons, la rue de l'Aspic, font à cet ilot, avec
la rue de la Violette, au nord, une ceinture de voies
publiques qui le délimitent. C'est un des coins de France
les plus saturés de vies anciennes, de ruines et de réno-
vations. (2)

Là, au temps de la colonie gallo-romaine, s'élevèrent
les colonnades d'une merveilleuse basilique, des portiques
de marbre entendirent la parole des jurisconsultes latins.
Puis, quand, sous les coups des Vandales, cet asile de
l'ancien droit fut tombé, au milieu de ses débris, le
moyen âge, peu à peu, réédifia une maison de justice :
logis sans harmonie, mélange de geôles et d'auditoires,
plein d'ombre et de détours, image des procédures aux
dédales compliqués, aux huis clos ténébreux.

La Révolution française fait pénétrer la lumière dans
les labyrinthes des juridictions, détruit les privilèges,
les barrières, garantit aux citoyens un égal et libre accès
vers leurs juges. A la justice rénovée il faut des sanc-

----

(1) Même sur le Palais actuel, je n'ai trouvé autour de moi que
peu de renseignements. La génération de magistrats et d'avocats
qui l'a vu construire a déjà disparu.

(2) Comme des signes indicateurs d'antiquité, des débris romains
se voient encastrés aux murs de trois maisons, vers les limites au
nord de cet ilot. Nous aurons à les mentionner ultérieurement.

tuaires, où, comme dans la législation transformée, apparaissent l'ordre, la clarté, l'unité. Les souvenirs des républiques de Grèce et de Rome hantent la génération affranchie par la chute du pouvoir absolu. C'est à l'art grécoromain qu'elle emprunte le style de ses édifices. Nimes reconstruit le Palais de ses tribunaux. Il semble que les colonnades de la basilique se sont relevées, et que le portique du monument de la loi nouvelle veuille attester l'antique consécration au droit, du sol sur lequel il développe son fronton.

Ce sol, comme par une prédestination, porte, depuis dix-huit cents ans, les murs et les voûtes où furent célébrés les rîtes judiciaires, prononcées les sentences des juges. Nos magistratures actuelles s'y rattachent aux plus lointains tribunaux du passé. Ainsi, sur les bases des temples païens renversés se greffèrent jadis des églises chrétiennes (1), et des siècles de foi évangélique relièrent la chaîne de leurs prières aux siècles des religions abolies.

Sans doute, les édifices, qui, en cet endroit, furent le siège des justices anciennes, abritèrent des institutions contraires à nos principes contemporains. Mais à travers la série ondoyante des juridictions éphémères, sujettes aux ignorances, aux erreurs, aux passions de leur temps, à travers les époques troublées, les renaissances, les révolutions, on aime à se représenter, dans l'histoire de la cité, cet immuable coin de terre sacrée, où, ruiné, relevé, humble, superbe, demeura, cependant, toujours le Palais des tribunaux ; où, sans se lasser, avec des langages et des sens divers, les hommes vinrent proférer leur éternelle invocation au droit ; où ne cessa de s'affirmer l'obstinée croyance de l'humanité en une positive justice.

*
* *

(1) Voir notamment MÉRIMÉE, *Voyage dans le Midi de la France*, pour Saint-Castor à Nimes, et diverses églises de Lyon, Aix, Arles et Narbonne.

Nous allons résumer l'existence architecturale de notre Palais de Justice de Nimes, nous efforçant de reproduire sommairement, aux âges successifs de la cité, l'aspect de cette forme lapidaire en qui vécut l'âme juridique du pays.

Les sources qui nous ont fourni les éléments de notre étude sont de nature et de valeur bien différentes.

Pour l'époque romaine et les premiers siècles du moyen âge, nous avons simplement recherché dans les travaux de la critique historique les faits généralement admis, et nous les avons rapportés, sans prétendre énoncer de propositions décisives. L'histoire d'un aussi lointain passé ne peut être que conjecturale (1). Chaque évènement, chaque édifice, chaque inscription sont le sujet de perpétuelles controverses.

Pour les époques suivantes et jusque vers la fin du XVIII* siècle, nous avons principalement consulté les œuvres des conseillers, savants et lettrés, qui illustrèrent notre ville : d'Albenas, Anne Rulman, Gaillard Guiran, surtout Léon Ménard, le grand historien de Nimes.

A partir de la Révolution, toutes nos recherches ont dû se concentrer aux archives départementales (2). Le dépouillement de nombreux dossiers, épars en diverses séries, nous a permis d'y suivre, presque année par année, l'édification des bâtiments qui constituent le Palais de Justice actuel. (3)

(1) Nous ne dirons pas avec Anatole France que « l'histoire est condamnée au vague du mensonge » mais plutôt avec un auteur nimois (FERNAND DAUDET, *Revue du Midi*, du 25 décembre 1896) « qu'elle n'est jamais définitive. »

(2) Les renseignements de mon ami et confrère à l'Académie, M. l'archiviste Bondurand, m'ont été d'un secours précieux.

(3) Voir à l'*Index des Sources*, à la fin du volume, la nomenclature des principaux dossiers consultés. Les archives du Palais de Justice, qui ne sont encore ni classées, ni cataloguées, ne m'ont fourni que quelques rares éléments.

VUES DU PALAIS DE JUSTICE DE NIMES

et de ses abords, à un siècle d'intervalle

PREMIÈRE MOITIÉ DU XVIIIᵉ SIÈCLE [1]

Les bâtiments du **Palais** sont représentés, nᵒ 9, au devant de la **Tour de l'Horloge de la ville,** nᵒ 10. A gauche du **Palais,** la **Porte de Saint-Gilles,** nᵒ 8, qui, de la **rue de l'Amourié ou de l'Audience,** mène à l'**Esplanade,** terrain vague à cette époque.

Entre le **Palais,** les **Arènes,** nᵒ 6, et la **Tour Vinatière,** nᵒ 2, sont le **Jeu de Paume,** nᵒ 3, et la **Salle de Spectacle,** nᵒ 4.

Dominant le **Palais,** à gauche, les deux tours carrées de l'ancien **Château des Arènes.**

SECONDE MOITIÉ DU XIXᵉ SIÈCLE [2]

Le portique du **Palais** est sur la ligne des remparts démolis. A gauche, entre le portique et les **Arènes,** une toiture triangulaire, surmontée d'une cloche, marque la place du bâtiment principal de l'ancien Palais.

Les Arènes ont été dégagées et les tours démolies en même temps que les remparts.

Sur l'Esplanade, la **fontaine de Pradier.** Au fond, le clocher moderne de l'église Saint-Paul.

---

(1) D'après une gravure au tome 1 de l'**Histoire de Nimes,** par Léon Ménard, 1750.
(2) D'après une photographie de 1880. La **Tourmagne** et la **Tour de l'Horloge** sont en dehors du cliché.

LA BASILIQUE

Epoque romaine : Nimes au siècle des Antonins. — L'enceinte fortifiée. — La *Basilique* près la porte *Anagia*. — A côté, l'amphithéâtre. — Les juges. — Les prisons.

Fondée au siècle d'Auguste , la colonie romaine de Nimes (1) atteignit son apogée au siècle des Antonins. Sur les bords de sa *Fontaine* divinisée, se dressaient des monuments somptueux. La voie domitienne traversait la ville, passant sous l'arc de la porte dédiée à Auguste, longeant un forum qu'entouraient des colonnades corinthiennes. L'ancienne bourgade gauloise était devenue une des plus magnifiques cités de l'empire.

La ligne des remparts embrassait sept collines, puis s'avançait dans la plaine, au sud, en s'arrondissant, jusqu'au boulevard de l'Esplanade actuelle (2). Dans l'immense périmètre que protégeaient ces murailles, les 30,000 habitants de la colonie étaient à l'aise (3) ; leurs demeures s'espaçaient, descendaient peu à peu des hauteurs où elles s'étaient groupées d'abord.

De vastes étendues non bâties occupaient tout le midi de l'enceinte : au sud-ouest, du côté de la *porte d'Espa-*

(1) *Colonia Nemausus,* GERMER-DURAND, *Dictionnaire topographique du Gard,* p. 150.

(2) Cette ligne suivait, au sud, depuis la porte romaine qui existe encore au bout de la rue Porte-de-France, la direction de la rue chemin de Montpellier, du bord méridional de la place des Arènes, du boulevard de l'Esplanade, et du boulevard Amiral-Courbet, allant rejoindre, en remontant vers le nord, la Porte d'Auguste.

Voir GERMER-DURAND, *Enceintes successives de Nimes,* et les controverses sur le chiffre des sept collines dans *La fin d'une légende,* par le Dr MAZEL. *Revue du Midi,* 1900, p. 585.

(3) GERMER-DURAND, *loc. cit., Enceintes,* p. 26.

gne (1), le Champ-de-Mars (2), les allées du Cirque (3) ;
au sud-est, au midi de la *porte d'Auguste*, des prairies,
un ruisseau venant de la *Fontaine*, sortant de la ville
par les grilles de la *porte des Eaux* (4) ; entre ces prairies
et le Cirque, dans la courbe spacieuse enclose au rempart méridional, des jardins, une route menant à la mer
par la *porte Anagia* (5). C'est là qu'au cours d'une visite
faite à la colonie, vers l'an 122, l'empereur Adrien choi-
sissait l'emplacement d'un édifice qui allait dépasser tous
les autres en splendeur : dédiée par lui à Plotine, sa
mère adoptive (6), une basilique de marbre s'élevait,
dominant les créneaux du rempart voisin.

Quelques années après, vers l'an 138, Antonin ayant
remplacé Adrien, l'amphithéâtre se dressait, à l'ouest de
la basilique, à la place où nous le voyons encore aujour-
d'hui , développait son ellipse colossale de gradins et
d'arcades superposées. Sa façade orientale n'était séparée
de la basilique que par la voie de la *porte Anagia* cou-
pant, à peu de distance, le mur des fortifications. Les
deux monuments, dans tout le rayonnement de leur jeunesse, se rapprochaient, peuplaient cet endroit de la colonie, naguère désert, de leurs lignes puissantes et har-
monieuses , dignes de la métropole romaine : l'amphi-

(1) La Porte-de-France actuelle.

(2) Derrière le lycée actuel.

(3) Vers le marché aux bestiaux et l'hôpital de la rue chemin de
Montpellier.

(4) *Rivus de Salice. Porta aquarum*, vers la Galerie des Arts
et l'endroit où la rue des Greffes débouche sur le boulevard Amiral-Courbet. En souvenir, sans doute, des prairies que les eaux de
la Fontaine arrosaient aux environs de la rue des Greffes et de la
place de la Salamandre actuelles, ce quartier s'appela, au moyen
âge, quartier *du Prat* (du Pré). Il était séparé par la rue Régale
du quartier de Méjan où était la sénéchaussée. — GERMER-DURAND,
loc. cit. — SIMON, *Les Juifs de Nimes*, Pièces justificatives, p. VII.
— *Archives départementales*, plan G, 217.

(5) GERMER-DURAND, *loc. cit.*, *Enceintes*, p. 69. — A l'angle du
Palais de Justice actuel. Intersection du boulevard des Arènes et
du boulevard de l'Esplanade.

(6) A laquelle il devait d'être le successeur de Trajan.

théátre, consacré à la force, aux luttes des gladiateurs ;
la basilique, consacrée au droit, aux débats des jurisconsultes. Trois siècles plus tard, les barbares renverseront
la basilique, mais, sur son emplacement couvert de ruines, surgiront, d'époque en époque, d'autres édifices, où
sous des formes diverses se manifestera le culte du
droit. (1)

.*.

Dans son « *Discours historial de l'antique cité de
Nismes* (2) », le conseiller Poldo d'Albenas (3) explique
en son vieux langage la destination de la basilique (4) :
« *Basilica*, maison royale, palais où l'on traictoit des
» choses graves, où l'on oroit et récitoit au peuple les
» concions, remonstrances et harangues, et les princes
» ou magistrats rendoient la justice aux poursuivants.
» Ainsi l'entend *Cicero ad atticum....* »

(1) D'après Pelet, *Essai sur l'emplacement du théâtre et du
xyste de la colonie de Nimes*, ce serait soit le théâtre, soit le xyste,
et non la basilique de Plotine, qui aurait occupé l'emplacement du
Palais de Justice. Les opinions les plus diverses ont, d'ailleurs,
été soutenues à cet égard. Mais la grande majorité des historiens
se prononce dans le sens que nous avons adopté. Parmi les anciens : Séguier, *Dissertation sur la Maison-Carrée*, 1759. Ménard,
Histoire de Nimes, 1763, tome VII, p. 113. — Parmi les contemporains : Durand et Laval, *Album archéologique du Gard*, p. XII et
p. 77, citant M. Jules Tessier : « La cour où se rend la justice
» est demeurée sur l'emplacement de l'antique prétoire, tant il est
» vrai que les mêmes choses persistent naturellement dans les
» mêmes lieux. » Rivoire, *Statistique du Gard*, tome I, p. 70. —
Pieyre, *Histoire de Nimes*, tome I, p. 221. — Germer-Durand, *loc.
cit*. — Voir encore *Mémoires de l'Académie de Nimes*, année 1820,
au volume 1812-1822, p. 352, opinion de de Seynes, et année 1834,
au volume 1833-1837, p. 82.

(2) Lyon. Rouille, 1560, p. 69, A propos du Palais présidial.

(3) Né à Nimes, en 1512, avocat, pourvu d'une charge de conseiller au Présidial lors de la création de cette juridiction en 1552;
allia la culture des lettres à l'exercice de ses fonctions. Il fut un
des premiers nimois qui embrassèrent le protestantisme. Mort en
1563.

(4) Voir encore Viollet-Leduc, *Entretiens sur l'architecture*,
tome II, p. 149, sur les formes et dispositions des basiliques.

C'est dans le monument consacré par Adrien à Plotine
que siégent les juges gallo-romains de la colonie nimoise,
les *quatuorviri juridicundo* (1). C'est là que les plaideurs viennent exposer leurs différends. Des appartements sont réservés (2) aux jurisconsultes pour qu'ils puis-
sent y recevoir, loin du bruit des plaidoiries, les citoyens
désirant les consulter. Les jours où les audiences ne se
tiennent point, les bas côtés de la basilique s'ouvrent aux
banquiers et aux marchands (3) qui y traitent leurs affaires. C'est la bourse juxtaposée au Palais de Justice.

Dans les cryptes sont les prisons. Cette disposition,
recommandée par Vitruve, se remarque à la basilique de
Pompéï (4). A Nimes, elle survivra au palais d'Adrien, les
prisons étant demeurées, jusqu'à nos jours, unies au
Palais de Justice. Un historien du XII⁰ siècle constate que
le prétoire et la prison ne font qu'un seul et même édifice : « *Carcer publicus qui prœtorium vocatur.* » (5).

*
* *

(1) Georges Maurin, *L'administration de la colonie nimoise*, p.
38. Les décisions de ces juges étaient à peu près souveraines. Les
justiciables d'alors s'inclinaient devant le juge comme devant le
prêtre. L'organisation de l'appel suppose le développement de
l'esprit critique s'exerçant à l'égard des sentences judiciaires. —
C'est auprès de l'empereur lui-même, à Rome, ou auprès du préfet
du prétoire, statuant *vice principis*, qu'il aurait fallu porter un
recours problématique. Crépon, *Traité de l'appel.*

(2) Ménard, *Histoire de Nimes*, 1763, tome VII, p. 111.

(3) Apulée, *L'âne d'or.* — Pelet, *loc. cit.*, p. 18. — De même il y
eut, à l'ancien palais de justice de Paris, une galerie marchande :
la salle des merciers ; au palais de justice de Dijon, des échoppes
de bois louées à des artisans.

(4) Voir Pelet, *Essai sur la destination, loc. cit.*, p. 19 et 20.

C'est par erreur qu'on a placé quelquefois les prisons de la colonie nimoise, non à la basilique, mais aux environs du cadereau,
au-dessous du Montaury : « *cadaraucus de carceribus* ». Il y avait
là les écuries du cirque, non les prisons.

Voir Germer-Durand, *Enceintes, loc. cit.*, et Antony Rich, *Dictionnaire des antiquités grecques et romaines*, v⁰ *Carcer.*

(5) Victor Hugo, *Notre-Dame de Paris*, édition Lemerre, t. II,
p. 137 : « Au moyen âge, un édifice avait toujours un double fond...·
au Palais de justice de Paris, une prison. »

La basilique érigeait ses trois nefs (1), sur cet ilot qu'occupent actuellement le Palais de Justice et la Maison d'arrêt , entre la rue Régale et le boulevard des Arènes. Son portique, placé au nord, s'ouvrait sur des jardins (2), soutenu par d'énormes colonnes corinthiennes aux profondes cannelures. La façade méridionale du long rectangle qu'elle formait, se rapprochait de l'endroit où s'aligne la colonnade du Palais de Justice moderne, où passait le rempart romain. Construite avec des marbres d'Italie, elle était citée comme un des plus riches édifices de l'empire. « *Opus mirabile* », dit, en parlant d'elle, Spartien, le biographe des Césars. Des artistes venus de Rome (3) avaient merveilleusement sculpté ses corniches, ses

(1) La nef principale réservée aux juges ; les deux nefs latérales aux marchands et banquiers. MÉNARD, *loc. cit.*.

(2) Du côté de la rue de la Violette, entre la rue Régale et la rue de l'Aspic. GERMER-DURAND, *Enceintes*, Plan. — PIEYRE, *Histoire de Nimes*, t. I, p. 221. — Ancien plan de Nimes, à la Bibliothèque.

D'après Ménard, *Histoire de Nimes*, t. VII, p. 113, le portique était placé au sud-est. Mais, avant Ménard, Anne Rulman le tournait du côté des Arènes, c'est-à-dire à l'ouest. On lit, dans un manuscrit de ce magistrat, du XVII· siècle, n° 180 des manuscrits de la bibliothèque de Nimes, *Antiquités de la ville de Nismes*, t. II, p. 391, à propos de la Basilique : « La plus belle face de ce bastiment royal regardait le devant de l'amphithéâtre. Il n'y avait dans l'entre-deux que la grande rue qu'on appelait *Royale* entre le Palais et l'amphithéâtre. La rue qui lui est opposée en a retenu le nom... » (rue Régale actuelle.)

Avec beaucoup d'imagination, Rulman décrit en détail la Basilique et nous montre, « du côté du septentrion, une frise d'airain surdoré... et la chambre d'Adrian, à plain pied du sol sacré des antiques murailles de la ville..., d'où l'on voit, à main gauche, le Champ-de-Mars, à main droite, le Temple de la Fontaine, et, plus haut, cette grande tour du *Brasier*... » (La Tourmagne servant de tour à signaux par le feu, d'après certains.)

Les auteurs qui placent au nord le portique de la Basilique font remarquer que celui de la *Maison-Carrée* a cette même orientation.

(3) On trouva, en 1739, dans le bassin de la Fontaine, une pierre votive dédiée à Jupiter et à Nemausus par le surveillant des travaux, les sculpteurs et les marbriers de la basilique. GERMER-DURAND, *Mémoires de l'Académie du Gard*, 1862-1864, p. 142.

pilastres, ses chapiteaux. Une frise admirable ornait son entablement, un vol d'aigles, ouvrant leurs ailes de marbre, tenant en leurs becs des guirlandes de laurier et de fruits, embléme de la victoire romaine apportant à la colonie la paix féconde dans l'ordre qu'assurent les lois.

L'historien Ménard (1) nous apprend qu'on n'a jamais fouillé l'emplacement de la basilique « sans y trouver des » restes d'anciens fondements d'une épaisseur prodi-» gieuse, bâtis avec de grosses pierres carrées sans mor-» tier ni cîment.... On en tira.... en travaillant à réparer » le palais du Présidial , des aigles de marbre d'une » beauté achevée, des pièces d'une grande frise superbe-» ment sculptée, des colonnes, des corniches, des chapi-» teaux de la même beauté, de marbre aussi, et quantité » d'inscriptions..... » Ces débris dont quelques-uns se voient encore au musée archéologique de Nimes suffisent pour donner une idée des splendeurs de l'antique pré-toire de Nemausus.

Il vécut trois siècles. Dans la colonie florissante, deve-nue célèbre par ses monuments, alors tous debout, sur-nommée la *seconde Rome* (2), il demeura la forme d'art la plus parfaite à côté de l'amphithéâtre, la plus colos-sale. Loin des agitations de la métropole, des frontières menacées par les barbares, en ce coin tranquille de la province narbonnaise, il vit se succéder des générations de magistrats et de jurisconsultes gallo-romains, appli-quant et interprétant le droit, où, déjà, s'infiltraient les idées chrétiennes. Les soleils de trois cents étés, aussi chauds que ceux d'Italie, dorèrent ses aigles de marbre.

---

(1) *Histoire de Nimes*, t. VII, p. 113. (V. *Présidial*, p. 34 et seq.)
(2) DURAND et LAVAL, *Album archéologique du Gard*, *loc. cit.*, p. XII.

LE CHATEAU DES ARÈNES

Du Ve au XIIIe siècle : Invasions. — Destruction de la Basilique. — L'amphithéâtre transformé en château fort. — Vicomte de Nimes. — *Plaid* féodal. — L'audience du château. — Réunion de Nimes au royaume de France. — Le sénéchal bâtit la curie du roi, en face des Arènes, sur l'emplacement de la Basilique.

Au début du Ve siècle, le désastre qui menaçait l'empire éclate. Les frontières sont envahies, au nord, par les races guerrières qui pullulaient derrière le Rhin et le Danube, et qui, débordant, inondent l'Italie, la Gaule, détruisent tout sur leur passage.

Vers 406, les Vandales assiègent Nimes et s'en rendent maitres. La basilique, voisine des remparts, subit, avant tous les autres édifices, les horreurs du siège. Elle est dévastée, la premiére, par les envahisseurs. Mais les Visigoths ne tardent pas à suivre les Vandales, les attaquent victorieusement, et s'installent, à leur place, au milieu des débris accumulés.

Les nouveaux conquérants de Nimes s'empressent de s'y fortifier. La ceinture des murailles antiques, lacérée par les assauts répétés, ne leur parait pas assez sûre. Ils font, de l'amphithéâtre, encore intact, sauvé de la destruction par sa masse, une citadelle formidable. Au sommet des gradins, au-dessus de la porte orientale, ils établissent deux hautes tours (1). Ils creusent un fossé circulaire qui protège les abords du monument.

---

(1) « Elles se voyent encore aujourd'hui (1750), mais vides et délabrées », dit Ménard, *Histoire de Nimes*, t. I, p. 75. Démolies en 1809, on les appelait encore à cette époque *Tours visigothes*. MICHEL, *Rues de Nimes*, t. I, p. 47.

Les ruines de la basilique, grossièrement réparées (1), forment comme un ouvrage avancé que deux autres tours défendent (2) ; des bâtisses gothiques s'y greffent aux substructions romaines, empruntent les vieux pans de mur prodigieusement épais, recouvrent les cryptes du prétoire détruit, qui servent toujours de prisons (3). C'est un bastion qu'il faudrait prendre, après avoir franchi le rempart, avant d'atteindre l'amphithéâtre.

Les chefs visigoths règnent, abrités dans la forteresse qu'ils ont ainsi créée, pendant les VI° et VII° siècles ; siècles troublés où il est difficile de suivre les traces d'une justice organisée, où aux guerres et aux séditions succèdent cependant des périodes pacifiques faisant refleurir, un instant, la civilisation et le droit romain.

Maintenant, ce sont les Sarrasins qui font irruption. Le début du VIII° siècle est plein de leurs victoires puis de leurs défaites. Ils ont chassé de Nimes les Visigoths. Ils en sont chassés à leur tour par Charles Martel qui incendie

---

(1) RULMAN, manuscrit déjà cité des *Antiquités de Nismes*, t. II, p. 391, au sujet des ruines de la basilique : « Depuis le démolissement de ce palais impérial, divers peuples ont employé ses maseures superbes pour se loger ou retrancher, depuis les vieilles murailles de la ville jusques au retour de l'ovale, tirant vers la Porte des taureaux, pour la sûreté de l'amphithéâtre qui a servi de citadelle et forteresse durant le règne des Goths et la domination des comtes de Tolose..... »

Et p. 393 : « Sur ces regrettables maseures les rois des Goths et les comtes de Tolose y bâtirent leurs palais et se servirent de la prodigieuse épaisseur de cet édifice résistant à la sape et à la mine. C'était une muraille d'airain pour la deffense de l'amphithéâtre duquel ils firent une citadelle pour la sûreté de leurs affaires et la bride de leurs sujets..... »

Voir encore *Présidial*, p. 35.

(2) L'une touchait à la coursière intérieure du rempart. Nous la retrouverons, connue sous le nom de *Tour du Morier*. L'autre paraît désignée dans une description que fait Rulman des bâtiments du Présidial.

(3) Plus tard les prisons émergeront des cryptes, en des édifices que nous retrouverons sur le même emplacement.

les gachils et les mantelets de bois (1) dont ils avaient
armé l'amphithéâtre. La fin du même siècle voit le triomphe de Charlemagne. Mais ses successeurs laissent leurs
vassaux échapper à l'autorité royale. Les comtes de Toulouse deviennent maîtres du Midi.

Nimes leur appartient, avec des intermittences de luttes
et de révoltes, pendant trois cents ans. L'amphithéâtre
s'élève toujours, indestructible. Une cité féodale s'y est
constituée, habitée par les fils des conquérants venus avec
Charles Martel du pays des Francs. Sous le titre de *chevaliers des Arènes*, ils sont les gardiens de l'immense
forteresse. Leur chef, le vicomte de Nimes (2), occupe un
donjon qu'il s'est taillé dans les énormes maçonneries :
vers la façade orientale, au-dessous des tours gothiques, on
a muré les arcades, installé une chapelle, dédiée à Saint
Martin, patron des chevaliers, coupé les galeries en salles
longues et étroites. Là est le *château des Arènes* (3).

Le maître du château est le juge souverain comme il
est le souverain chef des hommes d'armes. Souvent, pour
la décision sur certaines difficultés, il prend un assesseur
qu'on nomme *viguier* (4). Quelquefois, pour juger les
affaires les plus importantes, il convoque un grand conseil (5) où l'évêque siège au premier rang. Le *plaid* se

(1) *Gachil* ou *guette*, saillie pour le guet. *Mantelet*, ouvrage en
charpente protégeant les défenseurs de la forteresse.

(2) Sous la suzeraineté des comtes de Toulouse.

(3) Le donjon du *Château des Arènes*, avec ses tours massives
debout sur la base colossale de l'amphithéâtre, fut célèbre au
moyen âge, à l'égal de la *Tourmagne*. Dans la chanson de gestes,
Les Narbonnais, les envoyés d'Aimeri, allant demander protection à l'empereur contre les Sarrasins, avant d'arriver au Rhône,

« *Voient de Nismes, la tor et le donjon.* »]

Revue du Midi, 1900, p. 929. *Les Narbonnais*, étude de M. Bondurand.

MÉNARD, *Histoire de Nimes*, t. I, p. 285.

(4) Provençal : viguer, de *vicarius* ; vice, suppléant.

(5) Voir, notamment, dans un document aux archives départe-

tient en assemblée publique soit dans l'enceinte des
Arènes, « *in castro arenarum* », soit devant le château (1), sur l'emplacement de la basilique détruite, au
pied des fortifications que bâtirent les Visigoths avec les
ruines de marbre. Mais l'idée de justice, telle que la com-
prenaient les jurisconsultes romains, n'existe plus. La
féodalité est, avant tout, le règne de la force armée. Le
sort des litiges se règle fréquemment par le recours à
l'épée, par le *duel judiciaire*.

*
* *

Séparée du château par le fossé profond que creusèrent
les conquérants, désolée par les invasions, les pestes et
les famines, la ville gallo-romaine n'est plus qu'une misérable bourgade. Elle s'est lentement dépeuplée. C'est à
peine s'il y demeure quelques milliers d'habitants, logés
en des masures de bois ou de torchis, le long de ruelles
immondes, au milieu des écroulements.

Cependant l'âme romaine survit en cette cité. Un reste
de pouvoir municipal y a persisté, presque mourant, mais
qui reprend vie chaque fois que faiblit l'autorité des maîtres féodaux. Au XII⁰ siècle, tandis que les croisades
occupent les seigneurs aux guerres lointaines et que s'or-
ganisent les communes de France, profitant d'une que-
relle entre leur vicomte et son suzerain de Toulouse, les
bourgeois de Nimes instituent révolutionnairement leur
consulat. Les consuls élus de la cité, *consules civitatis
nemausi*, étendent alors, peu à peu, les franchises commu-
nales (2), obtiennent une partie de l'autorité judiciaire,

---

mentales, II. 194, publié par M. Joseph Simon, *Histoire des Juifs
de Nimes au moyen âge,* le plaid tenu en 1109 par devant le
vicomte Bernard Aton, en présence de nombreux assistants, parmi
lesquels *Cecilia conjux vicecomitissa.* — Hugo de Ortensis, prieur
de Saint-Baudile, réclame, à l'abbé Pierre de la Tourmagne, le
partage de la *dîme du poivre* payée par les Juifs pour avoir droit
à la sépulture. Le prieur de Saint-Baudile obtient gain de cause.

(1) Eyssette, *Les origines municipales de Nîmes,* p. 69.

(2) Eyssette, *loc. cit.* — Nisard, *loc. cit.,* p. 12 à 16.

luttent pour restreindre le pouvoir du vicomte. Des querelles fréquentes éclatent, entre la cité représentée par ses consuls, et le château des Arènes où les chevaliers s'unissent avec leur seigneur et élisent, à leur tour, des consuls : *consules castri arenanum.*

*
* *

C'est au château des Arènes que se trouve la salle où se rend la justice, déléguée maintenant à un légiste. Un document (1) de 1157 nous montre ce juge siégeant dans la tour voisine de la chapelle de Saint Martin : « *in turre que est juxta ecclesiam Sancti Martini* ». D'autres documents (2) du XII⁰ siècle mentionnent les actes passés *in majori sala domini comitis intra castrum harenarum.*

On voit encore aujourd'hui, aux galeries de la face orientale des Arènes , vis-à-vis la prison et le palais de justice moderne , quelques arcades murées. De grèles fenêtres géminées, ornées, sur le milieu, d'une colonnette au fût tors, au chapiteau capricieux, y rappellent, par leur élégante dissymétrie, l'époque où l'art des architectes romans (3) les dessina. L'une d'elles éclaira l'obscure salle d'audience du XII⁰ sièele.

*
* *

Cependant le règne des comtes de Toulouse touche à sa fin. En lutte, à la fois, avec la papauté et avec le roi de France (4), ils succombent. Simon de Montfort remporte sur eux la victoire de Muret (5). Quelque temps après, Louis VIII (6) rattache définitivement la cité ni-

(1) Ménard, *Histoire de Nimes*, t. I, Preuves, p. 34-35.

(2) Ménard, *Histoire de Nimes*, t. I, Preuves, p. 55.

(3) Voir Révoil, *Architecture romane du Midi de la France*, t 3, pl. I, et Chanoine Goiffon, *Eglise Saint-Paul*, p. 32.

(4) En lutte aussi avec leurs sujets. En 1207, les Nimois détruisent un palais que les Comtes ont fait édifier au quartier du Prat et leur moulin Porte de la Madeleine. Ménard, *Histoire de Nimes*, tome I, p. 258.

(5) Année 1213.

(6) Fils de Philippe-Auguste, père de Saint Louis.

moise à la couronne. En 1226, il transfère à Nimes la sénéchaussée établie d'abord à Beaucaire. L'antique colonie romaine devient ainsi la résidence du gouverneur, qui, sous le titre de sénéchal (1) de Beaucaire et Nimes, commande pour le roi de France à une vaste région. Le sénéchal réunit en sa personne tous les pouvoirs, militaires, civils, financiers et judiciaires. Il est comme un vice-roi, dans Nimes, sa capitale.

De même que les seigneurs avaient délégué à un légiste la plus grande part de leur pouvoir judiciaire, le sénéchal, homme d'épée, choisit, dès 1229, un homme de robe, versé dans la connaissance des coutumes féodales et du droit romain, pour rendre la justice en son nom. Ce sera le *juge-mage*. (2)

Concurremment avec le juge-mage, les consuls de la ville ont juridiction, pour certaines affaires, en vertu de leurs privilèges que le roi de France a garantis et dont ils sont fort jaloux. Aucun édifice n'est affecté, en ce temps, à la justice consulaire (3) ; elle siège en des maisons particulières. La *curia consulum* est surtout un tribunal de police.

Le *château des Arènes* appartient maintenant au roi de France. Cependant, le juge-mage royal n'ira pas occuper, dans la tour voisine de la chapelle Saint-Martin, la place où nous avons vu le légiste comtal. D'ardentes querelles divisent les consuls et les chevaliers des Arènes (4). La sénéchaussée doit demeurer étrangère à cette rivalité ; il faut que son audience soit comme un trait d'union entre le municipe bourgeois et le bourg féodal.

En face du château des Arènes (5), sur une parcelle du

---

(1) Du latin *senex*, vieux, et du germanique *schalk*, serviteur, d'où *senescalus* bas latin, et *senescal* provençal. Le vieux serviteur du roi, l'homme de confiance. V. LITTRÉ.

(2) De *magis, maggio*, le plus grand, le premier.

(3) MAUCOMBLE, *Histoire de Nimes*, p. 37. — JOSEPH SIMON, *Les Juifs de Nimes*.

(4) MÉNARD, *Histoire de Nimes*, t. I, p. 363.

(5) MÉNARD, *Histoire de Nimes*, t. II, p. 58.

sol bouleversé où fut la basilique romaine, le sénéchal fait édifier la maison qui sera le siège de la curie royale, *curia domini regis* (1). C'est le modeste Palais de Justice d'alors. La construction est fruste, étroite, mais suffisante pour les besoins du moment ; car la procédure est rudimentaire, les gens de loi sont peu nombreux, les décisions judiciaires sommaires, impératives, non motivées, rarement constatées par écrit (2). Placée entre la ville et la cité des Arènes, la *maison du roi* (3) sera d'un accès également facile à tous les justiciables.

(1) Ménard, *Histoire de Nimes*, t. I, Preuves, p. 55, 81, 93.

(2) Dalloz, V° *Organisation judiciaire*, n° 80.

(3) *Domus regia, curia regis*, appelée aussi quelquefois *domus senescallie*, maison de la sénéchaussée. Ménard, *Hist. de Nimes*, t. 3, Preuves, p. 215.

LA MAISON DU ROI

XIVe et XVe siècles : Le roi, juge souverain. — Agrandissement
de sa maison de justice, à Nimes, en 1330. — Tour du *Morier*
et prison de la *Violette*. — Quartier de la sénéchaussée. —
Logis des hommes de loi autour des Arènes. — La Peste. —
Visite de François Ier.

L'appellation « Palais de Justice » suppose l'évolution
sociale vers l'idée d'une fonction judiciaire indépendante,
s'exerçant dans un édifice consacré à son service exclusif.
Aussi n'est-elle point employée, à la fin du XIIIe siècle. A
cette époque , toutes les fonctions sont virtuellement
réunies en la personne du roi, qui est comme le juge unique du royaume. Il faudra de longs siècles pour préparer
et formuler les principes de la séparation des pouvoirs.
Le Palais de Justice, c'est, à Paris, le *Palais du Roi* (1),
où se tient le conseil de justice dans la grand'chambre, à
côté des appartements privés ; c'est, à Nimes, plus modestement, la *maison du Roi* (2), *domus regia*, où le sénéchal remplit, au nom de son maitre, les diverses attributions du pouvoir absolu, et, parmi elles, la fonction
judiciaire.

Le roi a donné à la sénéchaussée une immense circonscription , plus vaste que celle de la Cour d'appel

(1) Le Palais de justice de Paris fut la première demeure des
rois de France, résidence fortifiée, flanquée de tours. Victor Hugo
l'appelle le « Palais, aîné du Louvre », dans *Notre-Dame de Paris,*
t. I, p. 19, édit. Lemerre, et rappelle que saint Louis y rendait la
justice dans son jardin.

(2) A Dijon, *logis du roi*, puis, au XVIe siècle, *palais du roi*.
BEAUNE, *Palais de justice de Dijon*, p. 53.

Pour Nimes, on trouve, dans un document de 1295, MÉNARD,
Histoire de Nimes, t. I, Preuves, p. 138 : « *aula domini regis, ubi
dominus senescallus suos dies tenebat*. »

d'aujourd'hui. Elle embrasse les territoires des futurs départements du Gard, de l'Ardèche, de la Lozère, de la Haute-Loire, en partie celui de l'Hérault, s'étendant ainsi sur le Languedoc, le Vivarais, le Velay et le Gévaudan.

Les procès commencent à affluer. La ville se repeuple. Ses consuls y ont favorisé les manufactures de laines. Des marchands lombards s'y établissent, encouragés par des privilèges (1). Les vins de Nimes sont renommés, ont les honneurs de la table des papes au palais d'Avignon (2).

Le règne de Philippe-le-Bel (3) consolide la royauté et augmente son prestige. La féodalité décline. Le roi s'appuie sur les communes et sur les légistes. Avec l'aide de ces *chevaliers du droit* (4), il attaque les juridictions seigneuriales et ecclésiastiques. Comme suzerain de tous les seigneurs il s'est constitué le juge en appel (5) des décisions de ses vassaux. Les sénéchaussées qui le représentent offrent aux bourgeois des communes le recours de la justice royale contre les abus féodaux. Leur rôle grandit de jour en jour.

Pour suffire à l'expédition des affaires, le sénéchal de Nimes doit adjoindre au juge-mage de nouveaux officiers de justice : un lieutenant, un procureur, un avocat du roi ; d'autres emplois seront créés, par la suite, augmenteront l'importance de sa cour. Déjà elle est devenue le centre le plus vivant de l'activité publique ; elle se trouve à l'étroit dans son prétoire ; il faut agrandir la *maison du Roi*.

Gaillard Guiran, « doyen des conseillers ès cours de Nimes » (6), qui écrivait, en 1666, ses *Recherches sur la*

---

(1) Parmi lesquels le privilège d'une juridiction spéciale : « La Cour des conventions royaux. »

(2) Clément V, à Avignon, en 1309.

(3) 1285 à 1314.

(4) MICHELET, *Histoire abrégée du moyen âge*, p. 195.

(5) CREPON, *Traité de l'appel*, t. I, p. 3.

(6) Né et mort à Nimes, 1600 à 1680, conseiller au présidial, adonné à l'étude des antiquités nimoises, jurisconsulte très apprécié. Le prince de Nassau voulut récompenser son mérite en le

sénéchaussée de Nimes et Beaucaire (1), y relate l'acquisition, que fait le 8 février 1330, « noble et puissant personnage Hugues Quieret, escuyer de nostre seigneur roy » et son sénéchal de Beaucaire et Nimes, d'une maison » appartenant à Jean Caucinel, damoisel ». Il note en marge : « Nostre palais d'aujourd'hui ». Cette maison coûte 300 livres tournois, (environ 1500 francs d'aujourd'hui), que Caucinel « confesse avoir reçus de prudent » personnage marquis Scatice, valet de nostre seigneur » roy et son trésorier ». Elle est désignée comme « confrontant avec la porte (2) et les murailles de la ville, et » de deux autres endroits avec les rues publiques ». Elle touchait à la « *maison du roi* » (3). Les agrandissements nécessaires à l'actif fonctionnement de la sénéchaussée vont être réalisés par la jonction de l'édifice nouvellement acquis à l'ancien.

*
* *

Un autre édifice se dresse à côté de la *maison du roi*, la prison royale, *domus carcer regius*. C'est une vieille tour bâtie autrefois près des ruines (4) de la basilique, attenante au chemin de ronde des remparts. Aux pierres disjointes de son faîte s'est implanté, par hasard, un mûrier (5). On l'appelle la « *maison du morier* » (6), *hospi-*

---

nommant conseiller à son parlement d'Orange. Le roi de France lui permit d'accepter cette charge, qu'il exerça en même temps que celle de conseiller au Présidial. MÉNARD, *Histoire de Nimes*, t. 6, p. 253.

(1) N° 1391 du Catalogue de la Bibliothèque de Nimes, p. 60.

(2) A cette époque, la porte des Arènes, ancienne porte *Anagia*. GERMER-DURAND, *Enceintes*, p. 70.

(3) MÉNARD, *Histoire de Nimes*, t. II, p. 58.

(4) Voir plus haut *Château des Arènes*, p. 12.

(5) Il s'agit du mûrier noir, connu en France dès le XIII⁰ siècle. Le mûrier blanc ne date, au contraire, dans notre pays, que de la fin du XV⁰ siècle. Au XVI⁰, François Traucat, jardinier de Nimes, posséda des pépinières qui fournirent aux Cévennes plus de quatre millions de mûrier. VINCENT et BAUMÈS, *Topographie de Nimes*, 1802.

(6) GERMER-DURAND, *Enceintes*, p. 66. — En 1366, les consuls

cium de morerio. Elle est aussi devenue trop étroite. Le roi obtient des consuls la cession d'un bâtiment appartenant à la ville, situé au nord de l'audience du sénéchal, comme elle, en face des Arènes, et servant de geóle municipale, « *violeta* » dans le langage du temps (1). La *maison de la violette* (2) sera l'annexe de la *maison du morier*, permettra aux officiers du roi de détenir en sûreté un plus grand nombre de prisonniers.

Un ensemble d'édifices, avec leurs préaux et leurs jardins, est ainsi constitué, à l'est de l'Amphithéâtre, sur le sol de l'ancien prétoire romain, pour le service de la sénéchaussée. Appuyée aux deux prisons, protégée par le fort des Arènes, la justice royale pourra y prendre ses développements successifs. Au midi, du côté du rempart, *la Morier* et la maison acquise de Caucinel ; au centre, la

obtinrent du roi Charles V, la démolition de *la Maison du Morier* pour élargir le chemin de ronde. Mais cette démolition n'eut pas lieu, puisqu'on retrouve la mention de cette tour dans les documents et les historiens jusqu'au XVII⁣ᵉ siècle. Voir notamment GERMER-DURAND, *loc. cit.*, p. 67, 68.

(1) Voir DUCANGE, *Glossaire*, édition Favre, 1887, t. VIII. p. 346, " *Violeta, carceris publici nomen apud nemausum.* » Voir aussi MISTRAL, *Trésor du Félibrige*, au mot *violo* et *viol* (sentier, ruelle). LITTRÉ, au mot *violon*. Nombreuses controverses philologiques sur ce mot.

(2) On trouve dans les registres notariaux de Mᵉ Eustache de Nimes, à la date de 1387, le nom de Jean d'Alohane dit de Beaumois, concierge *carcere regio violete*. Voir BARDON, *Maître Eustache*, p. 16.

L'acte définitif de cession de la *Violette* ne fut signé qu'en 1424, longtemps après la prise de possession par le sénéchal. On trouve cet acte dans MÉNARD, *Histoire de Nimes*, t. 3, Preuves, p. 215. Le roi s'y engage à abandonner à la ville son ancienne *prison du morier* ; mais il est douteux que les consuls aient pu obtenir l'exécution de l'engagement royal.

La Violette confronte notamment un jardin (*cum orto*), une cave (*crota*), les Arènes (*cum castro arenarum*) et la voie publique (qui s'appellera plus tard rue de l'audience), *carriera vocata vulgariter La Tenthurarié*, sans doute à cause des teinturiers qui, à cette époque, puisaient et déversaient leurs eaux dans le fossé des Arènes.

vieille audience ; au nord, *la Violette*, dont une rue (1),
près de la prison actuelle, porte encore le nom. Deux
voies publiques, qui n'ont pas cessé d'exister, entourent
cet ilot : à l'ouest, celle qui longe l'Amphithéâtre (2), à
l'est, celle qu'on appellera désormais rue Régale, comme
conduisant à la maison royale de justice, *domus regia*. (3)

Elle n'a rien d'artistique ni d'imposant cette *maison
royale*. Les circonstances feront qu'elle demeurera toujours de médiocre aspect, indigne du superbe monument
romain dont elle est voisine, des grandes traditions architecturales de l'antique colonie. Pour le moment, le roi de
France a d'autres soucis que celui d'embellir sa sénéchaussée de Nimes. Les Anglais menacent son trône.
En 1346, Philippe-de-Valois est vaincu à Crécy. En 1348,
la peste noire et la famine dévastent le Languedoc. Au
milieu de ces misères, le sénéchal ne saurait songer à
des dépenses de luxe. Il se contentera d'ajouter à sa
curie une aile ou un étage, au fur et à mesure des
besoins. Ces bâtisses irrégulières et basses sont comme
ensevelies dans l'ombre des Arènes colossales. Seule, la
tour du Morier s'en détache, frappe l'imagination populaire par ses hautes murailles où flotte la frondaison de
l'arbre séculaire et par les grilles de ses cachots. Aussi le
peuple englobe-t-il toutes ces constructions curiales en
une seule appellation : « *La maison du Morier* » ; c'est
sous ce vocable qu'il désigne le Palais de Justice. Ce nom
se conservera même pendant des siècles, alors que la tour
et le mûrier auront, depuis longtemps, disparu. En 1750,
la ruelle, qui, contournant les Arènes, mène au Palais du

(1) Rue de la Violette, allant de la rue Régale à la rue des Arènes.

(2) Conduisant à l'ancienne porte *Anagia*, appelée alors *Porte
des Arènes* ou *Portalet de la Canal*, à cause du fossé des Arènes,
à l'angle du palais de justice actuel. Cette porte était considérée
comme la plus sûre de la ville. Germer-Durand, *Enceintes*, p. 70.

(3) Michel, *Rues de Nimes*, t. II, p. 289. — Ménard, *Histoire de
Nimes*, t. II, p. 58. — Puech, *Nimes au XVI⁰ siècle*, p. 504.

Présidial, est encore appelée *rue de l'Amourié* ou *de l'Audience*. (1)

* *

Tandis que se développent les bâtiments de la sénéchaussée, de nombreuses habitations se construisent auprès d'eux. Le sénéchal, au nom du roi, a inféodé, moyennant un léger cens (2), des parcelles du pourtour extérieur des Arènes. Le voisinage de l'audience fait rechercher ces emplacements ; d'année en année, ils se couvrent de maisons. L'ancienne voie de la *porte Anagia*, entre l'amphithéâtre et la basilique, se rétrécit sous la poussée des logis qui se sont accolés extérieurement aux arcades, et qui bientôt s'avancent progressivement, dans les terrains séparant, au midi, les Arènes du rempart. Peu à peu l'amphithéâtre romain, devenu forteresse féodale, se voit enveloppé par un quartier très dense d'hommes de loi. Les hommes d'armes vont se transporter ailleurs.

En une autre partie de Nimes, aux abords de la *porte d'Auguste*, qu'on appelle, à cette époque, porte *des Carmelins* (3), Charles VI fait édifier un nouveau château (4), que flanquent des tours romaines. Le sénéchal Jacques de Crussol l'occupe vers 1400. C'est là que, pendant deux siècles, siégera le commandement militaire, surveillant les routes d'Avignon, de Beaucaire et d'Arles, qui aboutissent à cet endroit, protégeant la ville industrielle et marchande, les moulins échelonnés sur les bords de

---

(1) Voir le Plan de Nimes (n° 9 du plan) à l'*Histoire de Nimes* de MÉNARD. Chaubert, Paris, 1750, tome I⁰ʳ.

Voir aussi au compois du XV° siècle : *Archives départment.*, G. 217, année 1480 : « Jean de Lacroix, cour avec certaines crotes » à l'entrée des Arènes, confrontant la rue allant aux prisons de » l'*Amourier.* » En provençal, *amourier* pour mûrier.

(2) MÉNARD, *Histoire de Nimes*, t. I, p. 304, 309.

(3) A cause du couvent des Carmes voisin ; appelée, successivement, porte d'Arles, *porta Arelatensis*, et *Ratensis, Rades, Redes, Carmelitarum*. GERMER-DURAND, *Enceintes*, p. 51.

(4) Son souvenir se retrouve dans la *Place du Château* actuelle, près la Porte d'Auguste.

l'*Agau* (1). Les chevaliers des Arènes abandonnent, en foule, leur forteresse pour aller habiter vers le nouveau château. Les gens de loi, la cour de justice du sénéchal demeurent, au contraire, au quartier des Arènes.

Les séances de la cour du sénéchal ne se tiennent, d'ailleurs, pas toujours à la *maison du Roi, in curia.* La justice d'alors ne fonctionne pas avec la même régularité que les tribunaux actuels. Les juges ne sont pas astreints à la rigoureuse obligation d'audiences tenues en des lieux et des jours déterminés. Aucune loi n'a encore proclamé le principe de la publicité des débats (2). L'audience se tient souvent dans les appartements privés du juge-mage ou de l'avocat exerçant le dévolu, dans la boutique du greffier ; pendant les jours caniculaires, sous le maigre feuillage des arbres du jardin curial ; quelquefois, sur le plan du portail de la Couronne, ou sous les arceaux de la Trésorerie (3). Dès qu'une peste se déclare, la sénéchaussée s'empresse de quitter Nimes. En 1448, elle va siéger à Bagnols. En 1484, on voit le juge-mage à Margueritttes et le lieutenant de la sénéchaussée à Viviers. Les consuls en portent plainte au parlement de Toulouse. La cour du sénéchal de Nimes dépend de ce parlement que Charles VII a créé en 1443, quelques années après la délivrance de son royaume par les victoires de Jeanne d'Arc sur les Anglais.

La peste sévissait avec intensité dans ce quartier de la sénéchaussée aux ruelles étroites, aux maisons trop denses, dominé au midi par les remparts (4), au couchant

------

(1) *Aqualis,* canal des eaux de la Fontaine.

(2) Carré, *Organisation judiciaire,* t. I, p. 272. — *Répertoire du Journal du Palais,* V° Huis-clos, t. VIII, p. 313, n° 8.

(3) Puech, *Les anciennes juridictions de Nimes.*

(4) Une anecdote rapportée par M. de Balincourt, *Revue du Midi,* 1896, p. 22, *Ancienne ville des Arènes,* indique combien le rempart est voisin de la Maison du Roi. En mai 1526, la femme d'Aliseti dit la Ramée, concierge de la sénéchaussée, étant sur le point de mourir de la peste et voulant tester, le notaire, craignant la contagion, s'installe sur le rempart avec son écritoire et son

par les Arènes, privé de soleil et d'air. Depuis que les chevaliers désertaient l'amphithéâtre, une population misérable prenait leur place, allumait ses foyers, semait ses déjections dans les logis délabrés, sous les galeries coupées de cloisons, dans les caves du sous-sol. Ce qui restait de l'ancien fossé visigoth était maintenant un égout dont les eaux croupissantes, allant s'accumuler au *Portalon des Arènes*, exhalaient des miasmes dangereux, répandaient les contagions. Des années et des années se succèdent augmentant les causes d'insalubrité, multipliant les constructions parasites qui s'attachent aux flancs des Arènes, aveuglent les arcades encore ouvertes, couvrent les dernières parcelles libres par où respirait ce quartier. Ni le sénéchal, ni les consuls n'ont souci de l'hygiène publique qu'ils ignorent (1), ne se doutent que l'espace, la lumière et l'air sont nécessaires à la vie de leur cité.

*
* *

A défaut du souci de l'hygiène publique, l'admiration d'un souverain pour l'art antique permet un instant d'espérer que les Arènes et la maison du roi vont être dégagées. En 1533, François Ier visite Nimes (2). Il est pris d'une ferveur religieuse pour les reliques vénérables de la colonie romaine. On le voit mettre genou en terre devant les marbres mutilés dont il cherche à lire les inscriptions. Il parcourt l'amphithéâtre, il ordonne qu'on démolisse quelques-unes des masures obstruant ses galeries. Il forme le projet de le délivrer tout entier du réseau des bâtisses

---

papier. La pestiférée est alitée dans l'appartement du concierge, près d'une fenêtre de la sénéchaussée, en face. L'intervalle est si étroit que le notaire entend distinctement les paroles de la mourante et peut écrire son testament sous sa dictée.

(1) A cette époque, quand un quartier était infecté par la peste, les consuls de Nimes faisaient murer ses issues et ne les rouvraient que quand tous les habitants étaient morts ou la peste terminée. PIEYRE, *Histoire de Nimes*, t. I, p. 203.

(2) DE BALINCOURT, *loc. cit., Revue du Midi*, 1896, p. 13.— NISARD, *Histoire de Nimes*, p. 64.

vulgaires qui, peu à peu, ont enserré le superbe monument et ses abords. Sans doute, ce plan eût été suivi d'une restauration de la sénéchaussée (1) dont la façade, sur le pourtour déblayé des Arènes, eût présenté toutes les grâces de la Renaissance. Mais d'autres préoccupations firent oublier au roi son projet. Le quartier des Arènes et de l'Audience demeura avec ses ruines, ses cloaques et ses ruelles où se pressaient les logis enchevêtrés des gens de loi.

(1) A Dijon, pendant un séjour en 1521, François Ier avait fait poser le plafond de la grand'chambre dorée du Palais, et donné pour cette salle de superbes vitraux décorés de la Salamandre et de la devise : *nutrisco et extinguo*. FÉTU, *Palais de justice de Dijon*, p. 43.

LE PALAIS PRÉSIDIAL

Du XVIe au XVIIIe siècle : Création du Présidial par Henri II.—
— Tentative infructueuse pour transporter la cour de justice
aux bâtiments du *Collège des Arts*. — Guerres religieuses. —
Le pourpris du Palais Présidial, d'après Rulman. — Rues des
Quatre-Jambes et de l'*Audience*. — Débris de la Basilique.—
Misère du Palais. — Epidémies aux prisons et aux Arènes. —
Premiers travaux de rénovation : Démolition des remparts.—
Elargissement de la rue de l'Audience.

Le fils de François Ier, Henri II, crée le *Présidial* de
Nimes en 1552 (1). Ce sera la nouvelle cour de justice de
la sénéchaussée. Elle sera, comme l'ancienne, sous la
haute direction du sénéchal, elle aura toujours son juge-
mage, et ses officiers royaux ; mais il y aura un nombre
beaucoup plus considérable d'offices. On y comptera,
outre le sénéchal, deux présidents, huit lieutenants divers, dont un « lieutenant du sénéchal d'épée », vingt-
deux conseillers, trois avocats ou procureur du roi, et un
greffier en chef. C'est une puissante compagnie dont
l'établissement augmente l'importance judiciaire de la

---

(1) Sur les motifs financiers de cette création, voir MÉNARD, *Histoire de Nimes*, t. IV, p. 209.

Sur cette juridiction, son ressort, sa compétence, sa composition,
voir GERMER-DURAND, *Dictionnaire topographique du Gard*, p.
XXIII, et surtout LÉON BLANCHARD, *Discours sur le Présidial de
Nimes*, 1861. Ce même auteur a publié, dans les *Mémoires de
l'Académie de Nimes*, année 1872, une étude sur le *Juge du point
d'honneur*, juridiction nimoise du XVIIIe siècle.

De nombreux documents donnaient déjà à la cour du sénéchal
le titre de *Cour présidale*, parce que le sénéchal était comme le
président du pays, présidait à son gouvernement, « *prœses provin-
ciæ* » ; mais le titre de *Présidial* ou *Cour présidiale* est spécial à
la juridiction créée par Henri II. MÉNARD, *Histoire de Nimes*, t. III,
Notes, p. 6, note IV.

ville. Nimes, à ce moment, possède au moins cinq juridictions (1) : des consuls, de l'officialité, du viguier, des conventions royaux, du présidial. Les attributions de ces multiples tribunaux (2) sont mal définies, les conflits y sont permanents, les procès interminables. Des raisons politiques ou financières leur font subir de fréquentes modifications. Ils siègent en des logis divers. A la nouvelle cour de justice qui les domine tous, est réservée la maison du roi qu'on appelle maintenant « *Palais Présidial* ». (3)

* *

La compagnie présidiale n'accepte pas volontiers cet antique prétoire. Une de ses premières délibérations est consacrée à demander le transfert des audiences dans un édifice plus vaste, mieux aménagé, mieux situé. Les bâtiments de la sénéchaussée ont vieilli, et autant qu'eux les habitations qui les entourent. Au cours des années, dans l'évolution de toutes choses, le quartier des Arènes a subi une déchéance. Les principales rues, les hôtelleries les plus réputées, « les meilleures maisons » se sont maintenant établies, avec les chevaliers, abandonnant l'amphithéâtre, vers la cathédrale et le château royal de la *porte d'Auguste*. Le Présidial expose au roi qu'il y aurait

---

(1) Puech, *Les anciennes juridictions de Nimes*, p. 156. Il ne saurait entrer dans notre cadre de définir leur rôle, ni de relater les actes royaux qui supprimèrent certaines d'entre elles. Quelquefois le titre de la fonction supprimée subsiste. Ainsi, en 1756, le greffier Pierre Domergue se qualifie « greffier en chef du grand sceau en la sénéchaussée, siège présidial et conventions royaux de Nismes », alors que les conventions royaux n'existent plus.

Michelet est très sévère pour les juridictions de ce temps : « Hérédité, vénalité, privilège, exception, voilà le nom de la Justice. » *Abrégé de l'Histoire de France*, t. III, p. 74.

Voir aussi commentaire de Jousse sur les ordonnances de 1669 et 1673 touchant les *épices.*

(2) Ils étaient encore plus nombreux en certaines autres régions. La seule ville d'Angers en comptait 35. Cournot, *La cour d'appel d'Angers.*

(3) D'Albenas, *Discours historial, loc. cit.*, p. 28. Plan de Nimes.

intérêt à transporter le siège de la justice en un endroit
plus rapproché du nouveau quartier devenu le centre de
la ville. Les consuls offrent l'immeuble du *Collège des
Arts*, qui est celui de l'ancien hôpital Saint Marc (1),
non loin du château royal. Les écoliers prendront en
échange les salles de la sénéchaussée où « ils seront
moins distraits ». Le roi autorise le transfert de sa cour
« en la maison du collège, laquelle serait désormais appe-
« lée « *Palais du Roi* ». Un conseil extraordinaire du
Présidial, tenu en avril 1553, arrêta de faire mettre en
état les bâtiments des audiences pour y placer le collège
des arts. « Mais nous ne voyons pas, dit Ménard, que la
» chose ait été exécutée, car le collège est demeuré dans
» l'ancienne maison de l'hôpital Saint-Marc, et le Palais
» au même endroit où il avait été de tout temps » (2). On
se contenta de faire quelques réparations aux caduques
bâtisses de la sénéchaussée (3), et on continua, quand les
circonstances l'exigèrent, d'édifier, sans aucun plan d'ensemble, des annexes : cachots, chapelle, salles de greffe,
d'archives, d'audiences, logis provisoires, qui devenaient
définitifs, le malheur des temps n'ayant jamais permis au
Présidial d'avoir un palais digne de lui.

*
* *

Les guerres religieuses suivent de près la création du
présidial. De 1572 à 1579 elles l'obligent souvent à suspendre le cours de ses audiences, même à quitter Nimes,

---

(1) Près de la rue qui porte encore le nom de *Saint-Marc*, allant
de la place de la Salamandre à l'ancien boulevard des Calquières,
aujourd'hui boulevard Amiral-Courbet, non loin de la *Galerie des
Arts* actuelle. Le collège des Jésuites, puis le Lycée après la
Révolution, et enfin le Musée archéologique et la Bibliothèque ont
succédé à l'ancien Collège des Arts.

(2) Sur ce transfert tenté sans succès, MÉNARD, *Histoire de
Nimes*, tom. IV, p. 222 à 226.

(3) Le palais est fréquemment désigné sous ce nom. On donne
aussi des noms très variés à la juridiction qui y siège, et à sa circonscription territoriale. Les auteurs disent par exemple : « Le
ressort du sénéchal et siège présidial de Nimes. »

à s'installer dans d'autres villes, en des locaux inattendus. En 1575, on le voit siéger sur le Pont d'Avignon, en la chapelle Saint-Nicolas (1). Il passe ensuite à Tarascon et à Beaucaire. Au siècle suivant, fuyant devant la peste, la compagnie présidiale reprendra ses pérégrinations. On l'apercevra à Alais, à Bagnols, à Villeneuve-d'Avignon, même à Bezouce et à Bouillargues. (2)

Nimes est livré aux sanglants excès du fanatisme. Catholiques et protestants se massacrent. Les églises et les temples sont alternativement saccagés. Le Palais, où, dans les moments de trève, les conseillers rouvrent leurs audiences, n'échappe pas aux dévastations. Sa chapelle est ravagée, détruite à moitié par des incendiaires. Le château royal, successivement assiégé et pris par les religionnaires que commande un magistrat du présidial, puis par les troupes du roi, et de rechef par les calvinistes, est ruiné, démoli (3) ; la porte d'Auguste est enfouie sous ses décombres. Louis XIV le remplacera en 1687 par une citadelle établie sur une hauteur au nord de la ville.

*
* *

Le prince de Rohan, chef des réformés, occupe Nimes vers 1620, et, pendant quelque temps, oppose au présidial du roi une cour de justice par lui composée. Après l'assemblée de la Rochelle, il organise la défense de la ville

---

(1) BLANCHARD, *Discours sur le Présidial.*

(2) MAUCOMBLE, *Histoire de Nimes,* p. 100 et 105.

(3) MAUCOMBLE, *Histoire de Nimes,* p. 70, 76, 112. Louis XIII céda ses ruines aux Dominicains pour y établir leur couvent anéanti par les guerres de religion. Après la révolution, l'église des Dominicains devînt le *grand temple* protestant. Le reste du couvent fut affecté à la caserne de gendarmerie. La porte romaine fut dégagée. — La gendarmerie fut ensuite transférée à la caserne actuelle, et son local désaffecté, vendu aux enchères publiques en 1872. Une partie de l'emplacement fut acheté pour l'immeuble du passage Guérin, une autre partie forma la voie publique qui longe les ruines de la *Porte d'Auguste* et traverse la *place du Château.* — ROUVIÈRE, *Biens nationaux du Gard,* nᵒ 2448, p. 358.— GERMER-DURAND, *Le Château royal de Nimes.*

et excite ses habitants à la résistance contre les troupes
de Louis XIII. Il entoure la place d'une nouvelle ceinture
d'ouvrages armés (1). Devant le rempart bordant le Palais, au midi, où s'ouvre toujours une porte, appelée à
cette époque porte de Saint-Gilles (2), il édifie un formidable bastion, qui, de la *tour Vinatière* (3) à la *chapelle
Saint-Thomas* (4), étend ses cornes, ses demi-lunes, et
sa contrescarpe. Ce bastion ne devait pas tarder à être
rasé par les ordres du roi, victorieux de Rohan. Sur son
emplacement, les consuls feront le projet de créer une
promenade et des avenues pour l'embellissement et la
salubrité de la ville. L'avenir réalisera leur dessein. Aujourd'hui, l'angle du palais de justice, où, jadis, pesa
l'ombre de la porte de Saint-Gilles, derrière les massives
défenses de Rohan, est baigné de lumière, entouré de
boulevards spacieux ; et les promeneurs qui le contour-
nent, venant de la place des Arènes, ayant devant eux
l'Esplanade étincelante des marbres de Pradier, ne sau-
raient se douter que, là, furent, autrefois, d'inexpugna-
bles fortifications. (5)

*
* *

Anne Rulman (6), en un manuscrit de la première moi-

(1) GERMER-DURAND, *Enceintes, loc. cit.*, p. 43.

(2) Ancienne porte *Anagia*, puis des *Arènes*. (V. *Maison du
Roi*, p. 20.)

(3) Disparue avec les remparts, était à l'angle sud-ouest de la
place actuelle des Arènes, presque en face de la rue Cité-Foule.

(4) Le souvenir de cette chapelle se retrouve dans la *ruelle
Saint-Thomas* allant, actuellement, en ligne brisée, de la rue
Régale, vis-à-vis la façade du Palais de justice, au boulevard de
l'Esplanade.

(5) GERMER-DURAND, *Enceintes, lot. cit.*, p. 70. — MÉNARD, *Histoire de Nimes*, tom. II, preuves, p. 180 : « *Quod portale anti-
quum appellatum de arena fit multum forte et quasi inexpu-
gnabile, tam racione murorum contiguorum et coadheren-
tium quam eciam racione fortalici arenarum de prope existen-
cium.* »

(6) Conseiller du Roi, assesseur criminel en la grande prévôté du
Languedoc, né à Nimes en 1583. Son père, d'origine allemande,

— 32 —

tié du XVIIᵉ siècle (1), nous montre, dans sa confusion et
son désordre (2), l'amas de bâtisses qui forment, à cette
époque, le pourpris du palais de justice. Elles commencent,
au bout de la rue Régale, près de la plateforme de la Couronne (3), « où sont les canons ». Là, est l'office du greffier
Tinel, avec sa basse cour. A côté, le « jardin de l'huis-
serie », un vieux pan de muraille romaine, une tour carrée
bâtie de pierres de Barutel en pointes de diamant; vers le
nord, le jardin (4) et la chapelle (5) de Messieurs les conseillers, la cave du concierge. Une autre vieille tour qu'on
appelle l'*Espadasse* (6) dépasse les toitures voisines, surmontée d'une cloche sonnant les heures d'audience. Puis,
ce sont, du côté des Arènes, le long de la ruelle qui con-
tourne les maisons adossées à leurs portiques, les auditoires, les salles du conseil, les archives, les prisons.
Touchant aux prisons, sur l'impasse, qui existe encore
aujourd'hui, une hôtellerie, le *Logis des Balances*, dont
l'enseigne rappelle l'emblême de la justice (7). D'autres

était régent au Collége des arts de Nimes. Rulman, avant d'être
magistrat, s'était fait remarquer comme avocat au Présidial. Il
prit une part active aux affaires politiques de son temps, s'em-
ployant à concilier les protestants et les catholiques ; en relations
à la fois avec le duc de Rohan et la cour de Louis XIII. Mort à
Nimes, en 1639. Voir MICHEL, *Rues de Nimes*, tom. II, p. 312.

(1) Cité par GERMER-DURAND, *Enceintes,* p. 68.

(2) PUECH, *Les Nimois au XVIIᵉ siècle, Mémoires de l'Académie de Nimes,* 1884, p. 475.

(3) Au bout de la rue Régale, était un escalier par lequel on
montait sur cette plate-forme, qui, à cette époque, fermait la
rue.

(4) Se retrouve en partie dans le jardin actuel près la cour
d'assises.

(5) La chapelle des prisons actuelles a été bâtie sur une parcelle de son emplacement.

(6) A cause de la cloche qui la surmonte. « *Spadassia* » ou
« *Spadacia* », cloche. Voir DUCANGE, *Glossaire*, tom. VII, p. 538.

(7) Peut aussi tirer son nom des balances du poids public, non
loin de là.

logis fréquentés par les plaideurs sont voisins : de la *Violette* (1), du *Mulet*, des *Arènes*. (2)

Au point où, actuellement, près de la maison d'arrêt, la rue de l'Aspic (3) débouche du centre de la ville sur le boulevard des Arènes, amène facilement au Palais, un barrage de maisons se dresse qu'il faut longer, en s'éloignant de l'est vers l'ouest, par une ruelle maintenant disparue : la *rue orbe des Quatre jambes* (4). Celle-ci conduit jusque vers l'entrée actuelle de la rue des Arènes, et c'est là seulement qu'après ce détour on trouve enfin la *rue de l'Audience*. Cette voie revient au levant vers le Présidial ; elle y ramène de l'ouest à l'est par une rampe courbe montant jusqu'à mi-hauteur du premier étage de l'amphithéâtre, faite des ruines qu'entassèrent les siècles autour du monument. On doit en gravir la pente avant d'apercevoir, sur la gauche, en contrebas, l'humble entrée du Palais (5). La porte était vers l'endroit où se trouve, de nos jours, le guichet de la maison d'arrêt, quelques mètres plus au midi. En face, à travers une arcade, on pénétrait dans le bourg des Arènes.

La porte du palais donne accès à une cour qu'entourent de gauche à droite les greffes, la prison, la chapelle, la salle des pas-perdus précédant le grand auditoire du Présidial (6). La décoration de cette salle d'audience est presque nulle : ni tableaux de maîtres, ni boiseries sculptées, ni riches tentures (7). Simplement au plafond, un semis de

---

(1) Rappelant la prison de la Violette.

(2) Voir aux plans des quartiers de Méjan et des Arènes dressés pour le compois du XVIIe siècle. *Archives départementales*, G. 217.

(3) Désignée dans le compois : rue Malestrenne allant au palais.

(4) Tirait son nom de « l'homme des quatre jambes », débris antique dont nous parlerons plus loin ; elle faisait suite à l'impasse où était le logis des balances. (V. p. 37.)

(5) MICHEL, *Rues de Nimes*, tom. 1, p. 48.

(6) Vers l'emplacement actuel de la salle d'audience du tribunal de première instance. Voir un plan dressé au XVIIIe siècle, aux *Archives départementales*, C 204 et G. 217.

(7) Rulman n'aurait pas manqué de nous la décrire si elle avait présenté quelque caractère artistique. Les quelques fleurs de lys

fleurs de lys dans des caissons d'azur. Les autres salles sont plus médiocres encore. Leurs fenêtres s'ouvrent sur de tristes préaux, font vis-à-vis avec les grilles des cachots. Les façades sont nues, rongées d'humidité, écrasées avec leurs toitures inégales, sous la masse élancée de l'ancien donjon des Arènes, sans harmonie, sans style. Aucune manifestation d'art.

*
* *

Parfois, cependant, ces obscures murailles s'éclairent d'un reflet de la beauté antique. Le sol sur lequel elles sont assises est comme un cimetière où furent ensevelis les débris de marbre de la basilique. On ne peut y creuser sans que ces merveilleux débris ne réapparaissent. Lors d'une construction qui nécessite des fouilles, on exhume de cette terre, pleine de reliques, d'admirables sculptures, ces aigles, ces chapiteaux, ces corniches dont parle l'historien Ménard (1), dont les formes parfaites éblouissent les conseillers.

C'est là que Rulman, vers 1630, lors du passage à Nimes du cardinal de Bagni (2), « nunce du Pape », lui

du plafond suffisent à exciter son imagination : « Entrant du » palais dans l'audience…. à l'abord de l'auguste majesté de ce » lieu, mes yeux sont soudain éblouis par la splendeur et l'éclat » de son ciel azuré, tout parsemé de fleurs de lys… » Harangue pour la réception de M⁰ Bompar, en mai 1606, *Harangues de Maistre Anne Rulman*, p. 236. Paris 1614, Bibliothèque de Nimes, nᵒ 29.609.

Les plaideurs n'avaient pas à craindre les distractions que donnaient aux officiers d'une autre cour, la Cour des comptes de Grenoble, les merveilles artistiques de la salle où ils siégeaient. On a retrouvé, sur un livre d'audience de cette juridiction, la description des magnifiques vitraux de cette salle, aujourd'hui détruits, faite par un de ces officiers. Ce magistrat, tout entier à l'admiration que lui inspiraient les verrières placées en face de lui, en avait oublié ses fonctions, et au lieu de notes d'audience avait écrit des notes d'art. *Le Palais de justice de Grenoble*, par EMILE REMY, Grenoble, 1897.

(1) MÉNARD, *Hist. de Nimes*, t. 7, p. 111. (Voir Basilique, p. 10.)

(2) Cardinal et diplomate romain, né en 1565, mort en 1641, vice-légat d'Avignon sous Paul V (voir *Grande Encyclopédie*).

fait voir, « dans un tas surhaussé de mazures décomblées,
» le fondement massif du palais de l'empereur Adrian....
» des ruines duquel les Visigoths se sont servis, après eux,
» les comtes de Tolose et nos roys à leur tour pour y esta-
» blir le thrône de la justice. »

Le cardinal déchiffre « doctement les six épitaphes,
» lesquelles le concierge du palais avait fait retirer depuis
» peu de ces ruines en profitant la pierre qui s'y trou-
» vait enterrée. Elles étaient rangées par ordre contre la
» muraille du jardin ; au fond duquel sur le recoin de la
» main droite il y avait deux aigles encoignées et escor-
» nées en quelques endroits. »

Le conseiller fait ensuite descendre le nonce dans une
cave voisine, « sur le sol de laquelle, et à douze pieds de
« profondeur », il lui fait voir « l'un des portaux de cette
» belle maison royale (1), dont le couronnement est enri-
» chi de plusieurs testes de taureaux qui sont entrela-
» cées de fruits. » (2)

Les marbres exhumés (3), après un séjour momentané
dans le jardin du palais, étaient dispersés, offerts, en ca-
deaux, aux visiteurs princiers, ou recueillis par des ma-

----

(1) La Basilique.

(2) Quelques-uns des fragments dont parle Rulman paraissent
être au musée lapidaire de Nîmes.

Œuvres mêlées d'Anne de Rulman, conseiller du roi et asses-
seur criminel en la grande prévôté de Languedoc. Nismes, 1630.
Gilles, imprimeur de la ville et de l'Académie. N° 11.450 de la
Bibliothèque de Nimes, p. 6 et seq.

(3) Le sol de Nimes était, à cette époque, comme une mine inépuisable de trésors antiques. De fortes pluies fouillant les terres
en pente suffisaient pour multiplier les trouvailles. Parlant du
« cadereau où les courbeaux (fossoyeurs) jettent les cadavres des
habitants », au pied du Mont-Aury (cadereau d'Alais), Rulman dit :
« Toutes les fois que notre Fontaine déborde, nos torrents rem-
plissent ses cavernosités amphractueuses. Et lorsqu'ils sont revenus à sec, le peuple y court, comme à la moisson d'or, et y trouve
des médailles et des pierres précieuses. »

Rulman, *Œuvres mêlées, loc. cit.*, p. 13.

gistrats (1) épris d'art antique, très souvent encastrés aux murs des maisons les plus rapprochées. On en voyait partout dans ce quartier du Présidial, dont ils étaient le seul ornement (2). Le conseiller d'Albenas écrit qu'il ne peut passer « par nulle ruelle sans voir tant de colon- » nes de toutes ordonnances et grandeurs, tant de mar- » bres, tant d'inscriptions, tant d'aigles sans têtes, tant » de couronnes, tant de statues. » (3)

Aujourd'hui encore, quelques-uns de ces fragments sont demeurés emprisonnés aux façades septentrionales de l'îlot du palais (4), rappellent aux yeux des passants l'histoire lointaine de cette parcelle de la cité : sur la rue Régale, au mur de la maison qui fait l'angle de la rue de la Violette (5), une statue de captif ayant servi de pilastre ; à l'angle de la rue de la Violette et de la rue de l'Aspic,

(1) D'ALBENAS, *Discours historial*, *loc. cit.*, p. 68, rapporte une inscription antique concernant la Basilique et dit qu'elle est à Aix-en-Provence en la maison du Premier Président.

L'historien de Nimes, Ménard, conseiller au Présidial, possédait, au XVIII° siècle, dans son jardin sous l'Esplanade, une des aigles de marbre trouvées dans les fouilles du Palais. — Ce jardin était non loin des bâtiments actuels de l'Assomption. Ruiné par la publication de son *Histoire*, Ménard dut le vendre. GERMAIN, *Léon Ménard*.

(2) Au XVI° et au XVII° siècles, Nimes n'a, d'ailleurs, d'autre attrait que celui de son passé et de ses beautés architecturales antiques. C'est ce qu'exprime l'ode curieuse de Jacques Pineton à d'Albenas, en tête du *Discours historial*, Lyon, 1560, à propos de Nimes.

> « La belle ville, je dis,
> » Non pas celle qui est ores,
> » Mais celle qui fut jadis. »

(3) POLDO D'ALBENAS, *Discours historial*, déjà cité. — MÉNARD, *Histoire de Nimes*, p. 155.

(4) Le plus grand nombre de ces débris, dégagés lors des démolitions successives, a disparu. Certains morceaux ont été transportés au musée archéologique où l'on peut voir, notamment, plusieurs aigles de la célèbre frise de la Basilique.

(5) Maison n° 1 de la rue de la Violette. La statue a été récemment recouverte d'une couche de peinture avec la devanture du magasin à côté.

une aigle romaine aux ailes éployées (1) ; à l'angle de la
rue de l'Aspic et de l'impasse des prisons, l'assemblage
de débris réunis depuis des siècles à ce coin, et que l'imagination populaire fit appeler « *l'homme des quatre jambes* », deux corps humains juxtaposés, surmontés d'une
seule tête. (2)

**
* **

Le règne de Louis XIV n'améliora point l'état misérable du palais présidial et de son quartier. Nimes est
en défaveur à la cour. Le moment n'est point propice
pour solliciter des secours pécuniaires en faveur de son
embellissement. L'édit de Nantes a été révoqué (3). Les
guerres religieuses se sont rallumées. Une réorganisation
administrative s'est faite qui a installé à Montpellier, au
détriment des nimois, une généralité (4) : lieutenant d'ar-

(1) N° 2 de la rue de la Violette, actuellement poste des allu-
meurs du gaz. L'aigle est identique à celles que possède le musée
et provient, comme elles, de la Basilique ; mais elle est moins bien
conservée.

(2) Cet assemblage donna son nom à la *ruelle des Quatre-Jambes* dont nous avons parlé, p. 33, et qui tournait brusquement vers
l'ouest à l'endroit où sont encastrés ces débris. L'impasse des
prisons, actuellement fermée par un portail en fer qui masque en
partie *l'homme des quatre jambes*, s'appelait, au XVII⁴ siècle, la
Traverse des Balances, d'après un plan de 1671. *Archives départementales*, G. 217. Là était le *logis des balances*. (V. p. 32.)

L'*homme des quatre jambes* fournit matière à de longues controverses entre érudits nimois. D'après Poldo d'Albenas et Rulman
il représentait le *Géryon* de la Fable qui fut défait en Espagne par
Hercule. Ménard démontra, au contraire, que cette forme étrange
résultait de la juxtaposition de divers fragments. Voir MÉNARD,
Histoire de Nimes, t. VII, p. 153, et MICHEL, *Rues de Nimes*, t. I,
p. 50 ; t. II, p. 294, 395.

La maison, où se voit toujours *l'homme des quatre jambes*,
appartenait, au XVIII⁴ siècle, à l'avocat du roi Massip. Elle porte
aujourd'hui le n° 23 de la rue de l'Aspic qu'elle termine au sud-est,
en face du n° 34 à l'ouest.

(3) Année 1685.

(4) La généralité de Montpellier dépend de la province de Languedoc dont le gouverneur général réside à Toulouse. La région

mée et intendant. Ces hauts fonctionnaires ne s'occupent
de Nimes que pour y surveiller l'achèvement de la citadelle, et réprimer toute velléité de rébellion. Sur la hauteur, au nord, flanqué de quatre bastions, un fort (1),
menace la ville de ses canons. Le gouverneur de ce château commande pour le roi. Le sénéchal n'est plus que le
chef de la compagnie judiciaire présidiale. L'état-major
militaire a la préséance sur les magistrats.

De successifs démembrements ont réduit l'étendue pri-
mitive de la région composant la sénéchaussée (2), ont,
par suite, diminué l'importance du présidial. La chambre
du domaine de cette cour lui a été enlevée pour être
réunie à la cour des aides de Montpellier. Les affaires
sont en décroissance et avec elles les revenus de la compagnie. La *bourse commune* (3) a manqué de ressources
pour faire face aux dépenses. C'est le présidial qui doit
payer lui-même les frais de déplacement des conseillers
allant tenir des sessions en Vivarais ou en Gévaudan. A

de Nimes forme un diocèse dépendant de cette généralité. Ce diocèse se subdivise lui-même en deux départements : Nimes et Beaucaire, administrés chacun par un *subdélégué* de l'intendant général habitant Montpellier. GERMER-DURAND, *Dictionnaire topographique du Gard*, p. XXII et seq.

(I) Devenu actuellement la maison centrale de détention. La *rue
du Fort* rappelle son souvenir. MICHEL, *Rues de Nimes*, tome I,
p. 282.

(2) On donne fréquemment ce nom au ressort du Présidial et
aussi au Palais de justice lui-même.

(3) La *bourse commune* servait surtout pour la distribution des
épices des procès. MÉNARD, *Histoire de Nimes*, t. VI, p. 145, indique
comment s'opéraient, en 1659, les versements et les répartitions.
Vingt sols étaient laissés aux mains du greffier, receveur des épices, pour le paiement des dettes, intérêts et dépenses générales de
la Compagnie.

Les procès étaient appelés bons ou médiocres, non pas suivant
la valeur juridique de leur objet, mais suivant qu'ils rendaient
beaucoup ou peu : « la distribution des procès sera faite de trois
» ordres : sçavoir des bons qui seraient ceux où il s'agirait de
» 10.000 livres ou au-dessus ; des médiocres, qui seraient au-des-
» sous de cette somme jusqu'à celle de 700 livres.... »

défaut de crédits (1), que ni le roi ni les Etats de Languedoc (2) ne lui accordent, c'est encore lui qui doit fournir
les fonds nécessaires aux constructions ou aux réparations du Palais. Depuis des années, il a fallu emprunter.
En 1725, les dettes de la compaguie excèdent 160,000 livres (3). Faute d'argent, les syndics de la cour présidiale (4) laissent, peu à peu, se délabrer lamentablement
les bâtiments où siège leur juridiction en détresse.

*
* *

En 1771, les parlements supprimés sont remplacés par
des *conseils supérieurs de justice*. Un de ces conseils est
attribué à Nimes (5). Les nouveaux magistrats sont décorés d'un superbe costume, portent, comme aux futures
cours d'appel, robe rouge et galons d'or. Il semble que

---

(1) Il n'y avait pas alors des crédits réguliers affectés, chaque
année, comme aujourd'hui, à l'entretien des bâtiments où se rendait la justice. Des fonds étaient alloués au hasard des démarches
et des influences, et sous les formes les plus dlverses. Ainsi, au
XVI* siècle, le Parlement de Dijon menace le conseil de ville
d'aller siéger à Beaune, s'il refuse de contribuer aux dépenses du
palais. Le premier président obtient ensuite de François I⁰⁰ un
crédit annuel de 1200 livres à prendre sur les amendes pendant
six ans. On affecte même aux travaux les produits d'un greffe
vacant. BEAUNE, *le Palais de justice de Dijon*.

Le 29 mars 1773, un arrêt du conseil du roi décide que « l'entretien des bâtiments servant à l'administration de la justice sera
à la charge des villes où les cours ou juridictions seront établies ». Mais les compagnies judiciaires ne parviennent que difficilement à faire exécuter cette décision. Voir *Archives départementales*, C. 204.

(2) Les états de Languedoc fournissent, par contre, d'importants
subsides pour l'église cathédrale et le palais épiscopal de Nimes
saccagés au cours des guerres religieuses. *Archives départementales*, série C, et aussi pour le Pont-du-Gard.

(3) GERMAIN, *Léon Ménard*, p. 7. Le conseiller historien est
parmi les créanciers, pour une somme importante.

(4) Les conseillers syndics du Présidial veillaient au bon ordre
et aux finances du Palais.

(5) Il remplace, pour la circonscription de Nimes, le Parlement
de Toulouse.

l'installation de cette haute magistrature au Palais de justice va faire ouvrir des crédits pour d'importantes réfections ; mais il n'en est rien ; c'est à grand'peine que son président, M. de la Boissière, parvient à faire payer les ouvriers (1), qui, sur ses ordres, ont procédé aux travaux d'aménagement les plus indispensables.

Le *conseil supérieur de justice* n'eut qu'une existence éphémère. En 1775, le parlement de Toulouse était rétabli, le conseil supprimé. A cette occasion, les consuls demandaient à l'intendant de leur céder une partie des bâtiments du Palais, alléguant que la diminution du nombre des magistrats permettait de restreindre les locaux par eux occupés. L'intervention des syndics du présidial (2) empêcha cette démarche d'aboutir.

* *

Vers le milieu du XVIIIᵉ siècle, Nîmes a pris un vif essor industriel : les filatures de soie, les fabriques d'étoffes, les teintureries (3), les distilleries s'y sont mulipliées. Le chiffre des habitants passera de 27,000 en 1734, à près de 40,000 en 1787 (4). Pour donner de l'eau à cette population croissante, à ces manufactures, d'importantes fouilles sont exécutées à la *Fontaine*. La source commençait à se perdre sous les décombres accumulés par le Moyen Age et les guerres de religion ; les états de Languedoc ont voté des subsides pour sa restauration. L'architecte Mareschal, choisi par le roi, a dirigé les transformations de ce quartier (5), berceau de la colonie.

Le quartier de la sénéchaussée continue, au contraire, à réclamer vainement une rénovation reconnue urgente. Il

(1) *Archives départementales*, C. 704.

(2) BLANCHARD, *Discours sur le Présidial*.

(3) L'industrie de la teinturerie est très ancienne à Nîmes. On trouve déjà aux compois du XVᵉ siècle, *Archives départ.*, G. 217, année 1480 : maison et verger à la *Tinturarié*, confrontant la tour Vinatière.

(4) GERMER-DURAND, *Enceintes*, p. 28.

(5) Les travaux commencèrent en 1738, à la demande des négociants de Nîmes. MAUCOMBLE, *Histoire de Nîmes*, p. 141.

est devenu le plus malsain de la ville. Les prisons pleines
à déborder, l'amphithéâtre, avec son pitoyable troupeau
humain (1) parqué dans les ruines, le vouent aux contagions meurtrières. L'espace et l'air y manquent de plus en
plus. Les maisons ont aggravé leurs empiètements (2) sur
les *plans* (3) et les *relargs* qui y tiennent lieu de places
publiques, rétréci encore les *viols* (4) et les *rues orbes* (5)
qui y serpentent, sous les auvents et les *porches* (6). « Au
quartier des basses Arènes, dit un historien (7), dans la
rue orbe appelée Baux, est un endroit où les murs se rap-
prochent tellement qu'une bête chargée y circule difficilement. »

Entre le Palais, les Arènes et le rempart, s'entassent
des masures humides, empoisonnées par leurs puisards.
La « *Salle de la Comédie* » (8), construction sordide, cache
sa misère en ce coin. La grande porte orientale de l'amphithéâtre et à sa suite quinze arcades au midi sont
masquées par des bâtisses qui s'y appuient. La plus
spacieuse de ces constructions, presque en face l'entrée
du Palais, habitée autrefois par un juge-mage, sert main-

(1) C'est dans l'enclos des Arènes qu'éclata la peste de 1649. Les
consuls firent murer la porte faisant face à l'entrée du Palais.
MÉNARD, *Histoire de Nimes*, t. VI, p. 87.

(2) Aux siècles passés, les empiètements des particuliers sur le
domaine public sont constants. Ainsi, après la démolition des
remparts, vers 1788, le conseil de ville constatera qu'aussitôt les
usurpations des particuliers commencent sur leur emplacement
et se préoccupera de les empêcher. *Arch. munic.*, LL. 47, p. 150.

(3) Il y a encore à Nimes quelques-uns de ces plans, notamment
le *plan de l'Aspic.* — Le relarg est une sorte de *plan.*

(4) Ruelle.

(5) DUCANGE, *Glossaire*, t. VI, p. 56. *Carriera orba*, rue courbe ;
Orbus vicus, cul-de-sac.

(6) Parties des maisons bâties en arceaux sur les ruelles.

(7) PUECH, *Les Nimois au XVII* siècle, Mémoires de l'Académie*, 1884, p. 475.

(8) Fabre d'Eglantine y fut directeur du théâtre de Nimes de
1785 à 1786. F. ROUVIÈRE, *Dimanches révolutionnaires*, Nimes,
Catelan, 1888, p. 1 et seq.

tenant de moulin à huile (1). Aux douves (2) de cette partie basse de la ville affluent les eaux savonneuses des lavages de laines, les déchets fétides des filatures, les vinasses des brûleries. (3)

Les infiltrations et les exhalaisons des fossés sont, pour les détenus aux prisons du Palais, privés d'air et de mouvement, une cause permanente d'épidémies. Le subdélégué signale fréquemment à l'intendant (4) le danger que fait courir à la santé publique ce foyer de pestilence. Ii lui représente que l'état des prisons soulève le « cœur » et fait frémir l'humanité, que les prisonniers meurent » comme des mouches ». Des « fièvres catarrhales et putrides », dues au méphitisme des cloaques, au défaut d'aération, sévissent en permanence. On finit par ordonner quelques améliorations (5). Mais ces palliatifs sont impuissants.

Pour sauver d'une irrémédiable déchéance ce quartier

----

(1) MICHEL, *Rues de Nimes*, tom. I *in fine*, plan des Arènes. — DE BALINCOURT, *Revue du Midi*, 1896, *L'Ancienne ville des Arènes*, plan des Arènes et page 23.

(2) Fossés des remparts, VINCENT et BAUMÈS, *Topographie de Nimes*.

(3) Déjà Rulman, en 1605, recommandait aux consuls de faire « vuider les eaux dormantes et corrompues que nos teintures mal réglées et nos lavoirs mal assignés versent dans nos rues, jettent dans nos canaux et portent dans nos puits.... Les Romains, dans l'enclos de la vieille ville avaient fait tant d'aqueducs ». *Harangues de Maistre Anne Rulman*, p. 142.

(4) *Archives départementales*, C. 204. Le subdélégué représentant de l'intendant pour le département de Nimes vise, dans une de ses lettres à son chef, le rapport du docteur Granier (mars 1778) qui fait des prisons du palais un tableau effrayant. Le juge-mage Augier s'associe aux plaintes du subdélégué.

(5) Les ouvriers doivent attendre six années avant d'être payés par le fermier des domaines de la généralité. On réclame, en vain, leur paiement à la duchesse de Caumont, *engagiste du Poids du roi et des prisons royales*, qui élude ses engagements. Curieuses lettres de la duchesse. *Archives départementales*, C. 204.

Au XVIIIe siècle, la tour du *Morier*, dont nous avons parlé à propos de la *Maison du roi*, p. 20, n'existe plus ; la prison occupe un seul bâtiment au nord du Palais.

de la sénéchaussée, dont l'infection menace la ville
entière, de grands travaux s'imposent (1). Il faut, d'abord,
briser le cercle étouffant du rempart, abattre cette sombre
muraille qui intercepte le soleil et l'air. C'est à peine si
par les plus hautes fenêtres du plus élevé de ses deux
étages le Palais en dépasse le sommet et peut respirer à
l'aise. L'étroite baie cintrée du portalon de Saint-Gilles
s'ouvre seule à cet endroit vers la campagne (2). On doit
franchir cette poterne où aboutit la *ruelle de l'Audience*
et traverser la douve de l'enceinte sur un ponceau pour
atteindre enfin un espace libre : le terrain vague où fut
le bastion de Rohan, où sera l'*Esplanade* actuelle.

*
* *

On ne peut toucher à la ceinture fortifiée de la ville sans
l'autorisation du roi. Les consuls font de pressantes
démarches pour l'obtenir. Leur insistance triomphe enfin
de l'opposition des chefs militaires toujours hostiles au
demantèlement des anciennes places de guerre. Vers 1783,
l'intendant de la province est autorisé à soumettre aux
consuls un plan, dressé par Raymond, architecte du roi (3),
qui prévoit la démolition de l'enceinte tout entière, la
transformation du tour de ville débarrassé de ses murs et
de ses fossés, le dégagement d'une partie des abords de
l'amphithéâtre (4) et du Palais. Les travaux commencent

(1) On trouve aux *Archives départementales*, C. 751, la trace de
quelques travaux faits par les consuls pour ce quartier vers la fin
du XVIIe siècle : emprunt de 2000 livres, en vue d'acheter « quel-
» ques petites maisons faisant isle proche des Arènes allant au
» *Pallais*, pour abattre, tant à cause de l'incommodité qu'elles por-
» taient au passage allant au *Pallais* et à la porte de Saint-Gilles
» par la petitesse des rues que pour un plus grand ornement de
» la ville. » *Etat des dettes de la ville de Nimes.*

(2) Ancien portalon des Arènes ou de la Canal. Voir le plan
de Nimes au premier volume de l'*Histoire* de Ménard paru en
1750. Nous en donnons une reproduction partielle. Voir aussi une
note de l'architecte Bourdon. *Archives départementales* 5, N. 22.

(3) *Revue du Midi*, 1898, p. 436 et seq., *La démolition des remparts de Nimes*, par Rouvière.

(4) Une *place des Arènes* figure au n° 12 du plan, *loc. cit.*, p. 447.

en 1787 et se continuent jusqu'aux débuts de la Révolution. La tour Vinatière, la porte de Saint-Gilles, le rempart du palais, la plate-forme, voisine, de la Couronne, sont parmi les premières fortifications abattues. La rue de l'Audience et la rue Régale débouchent enfin librement, par dessus les douves comblées sur le vaste espace ouvert, à présent, au midi.

Une *esplanade* s'étend à cet endroit, exhaussée peu à peu de tous les décombres qui viennent des chantiers de démolition attaquant partout la vieille enceinte (1). La grande route de Lyon à Montpellier la borde, au nord, parallèlement à la ligne des remparts, sur le même emplacement qu'aujourd'hui. Le couvent des capucins à l'est (2), celui des ursulines à l'ouest (3), en occupent les deux extrémités. Les habitants viennent déjà y chercher l'air, le soleil et la fraîcheur des soirs. On aperçoit, de là, dans leur laideur maintenant mise à nu, les murs délabrés de la salle de la Comédie, les affreuses masures encore adossées à l'ovale des Arènes, et le jardin, les auditoires, les logis divers, les prisons du présidial.

Dégagé au midi, le Palais de justice l'est bientôt aussi, en partie, du côté du couchant. Le plan de Raymond comporte le déblaiement du pourtour des Arènes, l'élargissement de la *ruelle de l'Audience*, par laquelle on viendra dorénavant, en foule, de la ville à l'Esplanade. Le roi, les Etats de la province, la commune contribuent aux dépenses. L'amphithéâtre est délivré des constructions parasites qui s'étaient attachées à ses flancs. Le moulin à huile de l'ancien juge-mage tombe avec elles sous la pioche des démolisseurs. Les portiques romains réapparaissent, en face du présidial, de l'autre côté de la voie, triplée de largeur. L'air commence à pouvoir circuler. Mais le misérable ilot de la *Comédie* subsiste encore, et dans l'intérieur des Arènes, sous les ruines des tours visigo-

---

(1) *Revue du Midi*, 1899, p. 432, PIEYRE, *La Fontaine de Pradier*.
(2) Aujourd'hui église Sainte-Perpétue et manutention militaire.
(3) Aujourd'hui hôtel du Cheval-Blanc et maison Colomb.

Les Arênes viennent d'être dégagées, en partie, suivant le plan de RAYMOND. La porte unique du Palais et des Prisons s'ouvre, au couchant, sur la rue de l'Audience et la petite place des Arênes.

D'après une gravure de C. BOURGEOIS, au cabinet de M. SIMON, à la bibliothèque de Nîmes.

thes, cent taudis malsains (1), vestiges de la cité féodale (2), s'étagent toujours sur les pentes des gradins qu'ils recouvrent. Les agitations de la période révolutionnaire commencent. Les luttes politiques, les guerres vont suspendre les travaux.

(1) Parmi lesquels le logis du bourreau. *Revue du Midi*, 1896, p. 15, DE BALINCOURT, *L'ancienne ville des Arènes*.

(2) A la veille de la Révolution, le Conseil de ville se préoccupe de l'indemnité qui sera due, quand on les démolira, aux « seigneurs desquels les maisons relèvent, à raison de l'extinction » des rentes et censives. » *Arch. munic.*, LL. 47, p. 85.

LES

TRIBUNAUX DE LA RÉVOLUTION

Nimes, chef-lieu du Gard. — Magistrats du Présidial au tribunal de district. — Aliénation de l'emplacement du rempart du Palais. — Le jardin de Courbis. — Tribunal révolutionnaire. — Constitution de l'an VIII : Tribunal d'appel et Tribunal criminel. — Plaintes des nouveaux magistrats au sujet des Prisons et du Palais.

En mars 1789, sont tenues les premières assemblées pour les élections aux Etats-généraux. Elles ont lieu, sous la présidence du Sénéchal, « dans la grande salle d'audience » du Palais (1). Parmi les députés du tiers-état figure un lieutenant en la sénéchaussée (2). Les magistrats ont participé activement au mouvement électoral.

Le 15 juin, les Etats-généraux se proclament assemblée nationale. La féodalité abdique dans la nuit du 4 août. Le roi accepte la déclaration des Droits de l'homme (3). La loi du 22 décembre 1789 abolit les anciennes provinces et les remplace par une division en départements. Nimes devient le chef-lieu du département du Gard.

A la réorganisation administrative succède la réorganisation judiciaire. La loi des 16-24 août 1790 pose les principes de la justice nouvelle : suppression des anciennes juridictions ; séparation des pouvoirs ; plus de véna-

---

(1) ROUVIÈRE, *Histoire de la Révolution dans le Gard*, t. I, p. 4, 22, 35.

(2) Sénéchaussée et siège présidial. Les deux expressions sont employées concurremment.

(3) Le 29 novembre 1789, les citoyens offrent au Présidial un portrait de Louis XVI. La cour se rend pour le recevoir à la porte extérieure du Palais. BLANCHARD, *Discours sur le Présidial.*

lité ; plus de privilèges ; des tribunaux uniformes pour chaque département et pour tous les Français, en des sièges légalement fixés, dont les audiences seront obligatoirement publiques et les jugements motivés ; égalité de tous les juges : l'appel a lieu de tribunal à tribunal, et non point devant une cour supérieure.

Cette loi fut publiée en audience extraordinaire du sénéchal (1) le 26 octobre 1790, et transcrite sur le registre de la cour présidiale (2) qu'elle clôturait à jamais. Elle faisait perdre à Nimes, avec cette haute juridiction, son vaste ressort (3), la région tributaire de ses trente-sept officiers, de ses soixante avocats, de ses cinquante procureurs, de ses dix-huit huissiers. (4)

En échange, le chef-lieu du département du Gard aura un simple tribunal de district (5), un tribunal de commerce et le tribunal criminel départemental (6). Les juges sont nommés à l'élection. Elu en octobre, le tribunal de district tient ses premières audiences en novembre 1790. Il compte parmi ses membres quatre magistrats du pré-

---

(1) Titre que porte le chef de la cour présidiale, donné aussi à la cour elle-même.

(2) *Archives départementales*, I, L. 8, 204. Les officiers du présidial obtinrent, le 10 décembre 1790, de l'assemblée administrative du département (conseil général), pour l'année échue le 1er avril 1790, une somme de 3.000 livres, à eux accordée annuellement par édit de mai 1780. V. procès-verbaux de l'assemblée administrative.

(3) Il s'étendait encore, après réductions successives, sur les diocèses de Nimes, Uzès, Alais, Mende et Viviers. GERMER-DURAND, *Diction. topogr. du Gard*, p. XXIII.

(4) FAJON, *Exposé des juridictions de Nimes*. L'ordre des avocats est aboli pendant la Révolution. Les officiers ministériels sont rétablis en l'an VIII.

(5) Il y a, dans le Gard, sept autres tribunaux de district, juges d'appel les uns des autres. ROUVIÈRE, *Hist. de la Révolution*, loc. cit., p. 270.

(6) Et aussi des juges de paix et des tribunaux spéciaux de police par application des lois pénales de 1791. FAUSTIN HÉLIE, *Instruction criminelle*, tome 7.

sidial aboli (1), qui reviennent siéger, en leur nouvelle qualité, et avec l'investiture du peuple, dans leurs vieilles salles de la sénéchaussée.

*
* *

Personne ne songe, en effet, à transporter dans un autre local la nouvelle institution judiciaire, qu'il faut se hâter de faire fonctionner. Malgré l'état de délabrement de l'antique logis du Présidial, on tente même d'y installer l'assemblée administrative du département, qui a été invitée par l'assemblée nationale à faire choix d'un lieu déterminé pour ses séances. Mais on reconnaît que la place manquerait pour ce supplément de service. (2)

Personne, non plus, ne songea à un agrandissement et à une orientation possibles du Palais vers le sol vacant, rendu disponible, au midi, par la chute des fortifications. Les liens du passé architectural tiennent encore ces hommes tandis qu'ils s'affranchissent du passé politique. La force des longues habitudes les pousse aux mêmes seuils usés des portes traditionnelles, aux mêmes directions par cette rue coutumière de l'audience où passèrent tant de générations de juges, d'avocats et de plaideurs. Il ne vient à l'idée de personne qu'on puisse, quelque jour, accéder au Palais rénové, du côté de l'Esplanade, qui est alors presque la campagne (3). Aussi aliéna-t-on l'emplacement

---

(1) Le Président est le ci-devant lieutenant criminel au Présidial Fajon, lequel sera, en 1800, président au tribunal d'appel. Voir FAJON, *Exposé des juridictions supérieures de Nimes.*

(2) L'assemblée administrative (plus tard Conseil général du département) finit par choisir la *Maison Carrée* et le couvent des Augustins y attenant.

La *Maison Carrée* avait servi d'hôtel de ville au XII⁰ siècle, d'après certains historiens.

(3) Cependant, le 26 mars 1793, l'ingénieur en chef des ponts et chaussées du Gard, Grangent, dont nous aurons à reparler, signale au Conseil du département l'utilité qu'il y aurait à établir un petit escalier pour monter de l'Esplanade au jardin du Palais, à travers une partie du vacant de l'ancien rempart. Le département pourrait acheter cette parcelle du vacant, à la commune, moyennant 1.024

du rempart, toute cette précieuse bande de terrain par
où le Palais aurait pu, dès ce moment, prendre façade sur
la grande route de Montpellier. Il faudra dépenser, plus
tard, près de 120.000 francs pour la racheter aux successeurs des acquéreurs de cette époque. (1)

Parmi les acquéreurs se trouvait Courbis (2), farouche
terroriste, ci-devant procureur au Présidial, maire révolutionnaire de Nimes. C'est lui qui devint propriétaire du
jardin qui déjà avait fleuri sur le sol des fortifications
renversées, entre la porte de Saint-Gilles et l'ancienne
tour du Morier, à cet angle où s'élève aujourd'hui, sur
l'intersection des boulevards des Arènes et de l'Esplanade, un des pavillons du Palais actuel. (3)

*
* *

livres. On voit déjà percer, dans cette proposition, l'idée de l'orientation nouvelle du Palais vers l'Esplanade avec l'escalier monumental actuel.

(1) Les aliénations commencèrent en vertu de l'arrêt du Conseil
du roi du 5 septembre 1786, qui autorisait la commune à disposer
du sol des murs, du tour de ronde et des fossés. ROUVIÈRE, *La
démolition des remparts, loc. cit.*, p. 446.

(2) COURBIS Joseph-Antoine, né à Tournon, nommé maire de
Nimes, par Rovère et Poultier, le 7 septembre 1793. Voulland
l'appelait le *Marat du Midi.* Massacré par la foule après la chute
de Robespierre.

ROUVIÈRE, *Histoire de la Révolution dans le Gard,* t. IV, p. 4,
184, 185, 362.

(3) Courbis devint acquéreur, par adjudication de bien national.
La parcelle du coin fut vendue en vertu de la loi du 24 août 1793.
ROUVIÈRE, *L'aliénation des biens nationaux dans le Gard,* p. 33 et
p. 146, n° 193. « Chassanis André, agissant pour Courbis à Nimes :
» La Couronne, 9 germinal an II (mars 1794). Petit jardin près le
» Palais de justice, confrontant du levant maison Courbis, et du
» nord le Palais. — 51 toises — 665 livres. »

Courbis était déjà propriétaire, à l'est de ce jardin, d'une autre
parcelle de l'emplacement du rempart du Palais vendue en vertu
de l'arrêt du Conseil du roi du 5 septembre 1786. Au nord-est de
cette autre parcelle, du côté de la rue Régale, était sa maison
d'habitation acquise, en 1785, de M. Tempié.

Voir, sur la propriété Courbis, l'acte d'achat par le département,

En février 1794, sous le règne de la Terreur, le représentant du peuple en mission, Borie, organise le tribunal révolutionnaire du Gard. Cette odieuse juridiction prend, au Palais, la place du tribunal criminel départemental jugé trop modéré (1). La prison regorge de détenus arrêtés sur les dénonciations des *Sociétés populaires*. On doit convertir en maison de détention une partie du couvent des Capucins. Cette nouvelle prison étant bientôt pleine, on entasse près de cinq cents prisonniers dans la citadelle. La guillotine est installée en permanence sur l'Esplanade (2). Le bourreau occupe « la pièce du Palais qui » servait anciennement pour la question » (3). Les condamnés attendent dans la chapelle désaffectée du Présidial que leur tour soit venu de marcher au supplice.

La maison du maire Courbis touchait au Palais, du côté de la rue Régale (4), au fond du jardin récemment acheté, dominant la route de Montpellier. On prétend qu'avant de se rendre à l'audience, les juges révolution-

du 13 floréal an XIII, dans Randon de Grolier, *Les bâtiments départementaux du Gard*, 5. N. 52.

A l'est de l'immeuble Courbis, terrain appartenant à Loison (angle de la rue Régale), provenant aussi du rempart vendu par la commune ; propriété, en 1838, de Galline, sur qui l'Etat l'expropriera. *Arch. départ.*, 5. N. 5.

D'après l'arrêt du Conseil de 1786, les riverains devaient avoir la préférence pour l'achat de l'emplacement des remparts. Le prix du terrain fut fixé par le conseil de ville à « 36 livres la canne quarrée, depuis le palais jusqu'au collège. » *Archives municipales*, LL. 47, p. 50.

(1) Ce tribunal avait été installé au palais en janvier 1792. Borie, pour constituer le tribunal révolutionnaire, procède à ce qu'on appelait l'*épuration* conformément à la loi du 14 frimaire an II.

Rouvière, *Histoire de la Révolution dans le Gard*, t. IV, p. 154, 155, 163 et seq.

(2) Vers l'endroit où se trouve le buste de Soleillet, non loin de la maison Colomb actuelle. Rouvière, *loc. cit.*, p. 228.

(3) Rouvière, *Histoire de la Révolution*, t. IV, p. 191.

(4) Voir l'acte d'achat du 13 floréal an XIII déjà cité. L'acte mentionne un passage qui mène au Palais du côté de cette maison.

naires (1) entraient là pour consulter l'ex-procureur, et
que, debout à une fenêtre de ce logis (2), de sanguinaires
invités suivaient l'affreux spectacle de la guillotine fau-
chant des têtes sur l'Esplanade.

*
* *

La chute de Robespierre met fin au régime de la Terreur. Environ un an après, la Constitution de l'an III
(août 1795) modifiait l'organisme judiciaire créé par l'assemblée constituante. Nimes recevait un tribunal départemental (3) composé de vingt juges. Mais à cette constitution en succédait bientôt une autre, la troisième de ces
dix années de révolution. Inspirée par le premier consul
Bonaparte et par Sieyès, la constitution de l'an VIII (décembre 1799) traçait le plan social dont les grandes lignes forment encore le cadre de notre état politique. Le
pouvoir central exécutif est fortifié : c'est lui qui nommera
les magistrats. Mais l'inamovibilité des juges assurera
leur indépendance (4). La hiérarchie des juridictions est
rétablie : des tribunaux supérieurs sont institués pour
connaître en appel des recours contre les décisions des
juges du premier degré.

Nimes devient le siège d'un de ces tribunaux d'appel,

(1) Ils siégeaient en carmagnole et bonnet rouge. ROUVIÈRE,
loc. cit., p. 189.

(2) C'est par erreur qu'on place quelquefois cette maison à l'angle sud-ouest du Palais, côté des Arènes. Elle fut rasée lors de la
construction du Palais de justice de l'Empire, auquel toute la propriété Courbis fut incorporée.

(3) En vertu des lois dérivant de la constitution nouvelle. — Les
tribunaux de district sont supprimés. Un seul tribunal civil pour
le Gard. Les appels sont portés devant les tribunaux d'un des
trois départements voisins au choix des parties.

Nimes conserve le tribunal criminel départemental.

La Constitution de l'an III supprimait les districts, ne conservant que la subdivision en cantons. La Constitution de l'an VIII
créera les arrondissements.

(4) LAFERRIÈRE, *Histoire des principes, des institutions et des
lois*, p. 433-434.

que lui attribue la loi du 27 ventôse an VIII (18 mars 1800). Ce tribunal lui rend son importance judiciaire antérieure ; il reprend la presque totalité de l'ancien ressort du Présidial et étend même son pouvoir, par Avignon, sur la rive gauche du Rhône. Il juge (1) les appels du Gard, de l'Ardèche, de la Lozère, et du ci-devant Comtat-Venaissin réuni à la France par la Révolution sous le nom de département de Vaucluse. A côté du tribunal d'appel, le tribunal criminel subsiste. Au-dessous, le tribunal d'arrondissment et le tribunal de commerce. (2)

Dès la promulgation de la loi du 27 ventôse an VIII, le premier consul, avec une activité prodigieuse, tandis qu'il lève des armées pour résister à la coalition de l'Angleterre et de l'Autriche, s'occupe aussi de former les cadres de la magistrature reconstituée, de hâter son fonctionnement dans la France entière. L'installation des tribunaux d'appel l'intéresse surtout. Ce sont les juridictions souveraines chargées d'assurer, sous le contrôle du tribunal de cassation, en de vastes fractions du territoire, l'application par les juges du premier degré, des principes du droit nouveau, des codes en projet. Leur rôle sera prépondérant dans l'évolution juridique du siècle où l'on entre.

Le 24 germinal an VIII (3) (avril 1800), Lucien Bonaparte (4), frère du premier consul et son ministre de

---

(1) Il est composé de treize membres dont un président.

(2) Le tribunal criminel connait des crimes et en appel des délits jugés au premier degré par les tribunaux d'arrondissement. En 1810, il sera remplacé, au criminel, par la cour d'assises et au correctionnel par la chambre correctionnelle de la cour d'appel.

La nouvelle organisation supprimant le tribunal départemental crée des tribunaux dans les arrondsisements : Nîmes, Alais, Uzès, Le Vigan.

Nîmes devient chef-lieu judiciaire du ressort du tribunal d'appel, et préfecture du département du Gard.

(3) C'est le mois suivant que le premier consul traversait le Grand-Saint-Bernard pour aller battre les Autrichiens à Marengo.

(4) Lucien Bonaparte, plus tard prince de Canino (1775-1840). Chassé de Corse par la faction Paoli en 1793 ; commis militaire à

l'intérieur, écrit (1) au préfet du Gard pour l'inviter à préparer l'entrée en fonctions des nouveaux corps judiciaires de son département. « Le premier consul s'occupe » de la nomination des membres des tribunaux d'appel. » Il est donc instant de préparer un local à celui qui doit » être établi » à Nimes. C'est au tribunal d'appel que devront être, d'abord, affectés les locaux du Palais de Justice ; s'ils ne sont pas suffisants pour contenir, en même temps, les autres tribunaux, le préfet devra rechercher « un autre bâtiment soit national, soit communal, ou » appartenant à un citoyen », pour les audiences des juges de premier degré. Toutefois, le préfet devra faire immédiatement exécuter, dans les anciens bâtiments du Palais, « les travaux convenables pour que chaque tribu- » nal puisse y siéger incessamment. » Ces travaux seront donnés à l'adjudication d'après les devis d'un architecte. Les aménagements devront être décents mais modestes, faits à peu de frais ; car l'état des finances du pays à peine sorti de l'anarchie révolutionnaire, en pleine guerre européenne, ne permet pas de somptueuses installations.

En exécution des ordres de Lucien Bonaparte, vers le milieu de messidor an VIII (16 juillet 1800), les vieilles salles du Présidial recevaient les juges du tribunal d'appel et du tribunal criminel. Après le rapide passage des juridictions révolutionnaires, c'étaient les derniers magistrats qu'elles abriteraient. Elles ne devaient pas tarder à disparaître pour faire place à un palais moderne renové comme l'institution judiciaire elle-même.

*
* *

Saint-Chamas, près Marseille, jacobin et terroriste, commissaire des guérres par la protection de son frère devenu le général Bonaparte. Elu par la Corse, en 1797, membre du Conseil des Cinq Cents dont il devient président. Conspire avec son frère contre le Directoire, assure le succès du 18 brumaire. Devenu premier consul, Bonaparte le fait ministre de l'intérieur en 1799. Ensuite, ambassadeur en Espagne, puis brouillé avec l'Empereur,

(1) Voir le texte de cette lettre aux pièces annexes. Elle existe aux *Archives départementales*, 5. N. 12.

Le tribunal d'appel et le tribunal criminel avec leurs auditoires, leur parquet, leur greffe, leurs chambres du conseil, emplissaient largement tout l'ancien Palais. Il fallait, suivant les intentions du ministre de l'intérieur, loger ailleurs les autres tribunaux. Ils durent subir les tribulations de sièges provisoires, de déménagements successifs. La section civile du tribunal de première instance (1) tint audience dans la salle de l'ancien collège des Jésuites (2), tandis que la section correctionnelle occupait un local dépendant du ci-devant chapitre de la cathédrale. Diverses pièces de la caserne de gendarmerie (3) furent disposées à l'angle du tribunal de commerce.

Le tribunal civil fut, d'ailleurs, promptement chassé de son logis du collège. Il dut céder la place au lycée (4) que Napoléon créait, et siéger, en attendant que le Palais fût réorganisé, dans la maison du citoyen Vincent Mourgues sur l'Esplanade. (5)

Les juridictions supérieures installées au Palais de Justice n'étaient guère mieux partagées que les tribunaux de première instance. Les antiques bâtisses du Présidial qui abritent la magistrature nouvelle tombent en ruines (6), manquent de tout ce qui est nécessaire au fonctionnement

---

(1) Il était composé de deux sections en vertu de l'article 10 de la loi du 27 ventôse an VIII.

(2) ROUVIÈRE, *Aliénation des biens nationaux*, p. 358, n° 2448. Biens nationaux affectés à des services publics.

(3) Ci-devant couvent des dominicains, sur l'emplacement du château royal de la porte d'Auguste. *Archives départementales*, 5. N. 12, floréal an X. Devis pour loger le tribunal de commerce dans le local des ci-devant pères du château.

(4) Le lycée, après avoir longtemps occupé l'ancien collège des jésuites, a été transféré à l'ancien hôpital général transformé sur le boulevard Victor-Hugo actuel.

(5) *Arch. départ.*, 5. N. 12.

(6) Au milieu même de la tourmente révolutionnaire, le 19 décembre 1792, l'accusateur public près le tribunal criminel demandait à l'assemblée administrative du département des réparations urgentes pour certaines parties du palais et de ses prisons.

de la justice devenu actif et régulier (1). En plein thermidor, les fenêtres sont sans rideaux, ni stores, ni volets.
Les magistrats sont forcés, au cours des audiences, de
changer, à chaque instant, de siège, fuyant les rayons
ardents du soleil qui les poursuivent. Le 18 ventôse
an IX, à la veille d'une session importante du jury, le
président du tribunal criminel (2) est obligé d'écrire au
préfet pour lui demander quelques sièges destinés aux
témoins, et, « à cause des affaires qui pourront se prolon-
» ger jusque dans la nuit, *un lustre à la quinquet.* » Faute
de sièges les témoins disparáissaient aussitôt après leur
déposition, et faute de lumière les causes ne pouvaient se
juger que de jour.

La rue conduisant au Palais, malgré les travaux, qui,
à la veille de la Révolution, ont, en partie, dégagé les
Arènes, demeure étroite, tortueuse et malsaine. Les prisons continuent à mêler leurs cachots et leurs geôles aux
constructions qu'occupent les magistrats. Un d'entre eux,
le commissaire du gouvernement Cavalier (3) écrit au
préfet, qu'en face d'une des salles du Palais, à deux pas
de distance, « il existe une fenêtre des prisons par la-
» quelle les détenus voient ce que nous faisons contre eux,
» et pourraient nous atteindre sans peine si la prévoyance
» du concierge et sa vigilance étaient un seul instant en

---

(1) L'organisation nouvelle a des exigences que ne connaissait
pas l'ancien régime judiciaire. Il n'est plus possible, aujourd'hui,
de donner audience ailleurs qu'au Palais. Les commissaires du gouvernement, les magistrats chargés des instructions criminelles,
les greffiers, doivent rigoureusement siéger au Palais, s'y tenir à
la disposition des citoyens en des locaux accessibles à tous. La
publicité et la sécurité des dépôts d'archives, les séparations
exigées par la loi entre les jurés et le public, entre les témoins à
charge ou à décharge, exigent des aménagements spéciaux.

(2) M. Mouton-Comblat décédé en l'an XIV et remplacë à cette
époque par M. Soustelle, juge au tribunal d'appel.

(3) La fonction de commissaire du gouvernement équivaut à
celle, créée plus tard, de procureur général. M. Cavalier devint
maire de Nîmes sous la Restauration.

» défaut (1). » De mortelles exhalaisons sortent des réduits
où sont entassés les détenus, des ruelles empoisonnées
sillonnant encore l'intérieur du vieil amphithéâtre. La
solidarité d'un voisinage séculaire lie toujours le prétoire,
comme pendant le moyen âge, aux prisons et aux Arènes.
Aussi les réclamations des magistrats du nouveau régime
vont-elles se multipliant. Le préfet les accueille avec faveur. Le moment semble être, enfin, venu de faire, pour
ces tribunaux issus de la Révolution politique, comme
une révolution architecturale, qui affranchira leur Palais
des liens, devenus intolérables, du passé. Cette œuvre
commencée par le gouvernement consulaire, très avancée
par l'Empire, ne sera pas achevée avant un demi-siècle.

(1) Lettre du 16 fructidor an XIII (septembre 1805).

LE PALAIS DE L'EMPIRE

L'ingénieur Charles Durand. — Plan de rénovation intégrale du Palais et des prisons. — Abandon de ce projet. — Réfection partielle commencée en 1805, favorisée par le préfet d'Alphonse. — Portique greco - romain sur l'Esplanade. — Inauguration du nouveau Palais en avril 1809. — Description de l'œuvre de Charles Durand.
Dégagement complet de l'amphithéâtre en 1810. — Place des Arènes. — Création de la cour impériale. — Nouveaux projets suspendus par la chute de l'Empire. — Reprise des travaux de 1825 à 1827 : Maison d'arrêt. - Façade du Palais sur la place des Arènes. — Disparition de l'ancienne porte du Présidial.

Le 15 germinal an IX (avril 1801), le préfet Dubois exposait au conseil général du Gard qu'il se préoccupait des mesures à prendre pour assainir les prisons et assurer au Palais de Justice le fonctionnement normal des divers tribunaux. Il annonçait que, sur ce double objet, l'ingénieur de l'arrondissement était chargé de lui présenter des propositions.

Cet ingénieur est un homme de haute valeur, d'imagination hardie et passionnée, plein des souvenirs de l'antiquité greco-romaine que la République faisait revivre dans les arts autant que dans les institutions sociales. La Grèce et Rome renaissaient en France avec les consuls et les tribuns, les lycées et les prytanées, les légions et les vélites, bientôt avec les aigles de César (1), comme avec les cothurnes et les tuniques des citoyennes, les tableaux

---

(1) De même avec la phraséologie judiciaire. Dans le discours prononcé à l'installation de la cour impériale, le 10 juillet 1811, le procureur général Cavalier remercie l'Empereur des institutions judiciaires « qui ramènent les beaux jours de l'aréopage d'Athènes et du sénat de Rome ».

de David, le style des meubles, les portiques et les colonnades des édifices (1). C'était une renaissance architecturale greco-romaine que l'ingénieur de l'an IX rêvait pour la vieille cité nimoise.

Charles Durand (2), fils d'un greffier en chef du Présidial de Montpellier, professeur d'architecture à l'Académie de cette ville, ingénieur de la province de Languedoc, avait été nommé dans le Gard lors de l'organisation nouvelle du génie civil, en 1792. Appelé à Nimes, son désir avait été, aussitôt, d'y fixer sa vie auprès des admirables monuments romains. Il ambitionnait la gloire de les restaurer et d'élever, à leurs côtés, des édifices modernes qui ne fussent pas trop indignes d'eux. Il songeait à ramener aux aqueducs fameux l'abondance des eaux et à couronner d'un Capitole l'une des sept collines. Son supérieur hiérarchique, l'ingénieur en chef Grangent (3), était, comme lui, jaloux de reprendre les grandes traditions architectoniques de l'ancienne colonie romaine. Ils travaillaient ensemble à un important ouvrage descriptif sur les antiquités du midi de la France. (4)

---

(1) Victor Hugo est fort sévère pour le style de ces édifices : « Le Paris de la République a l'Ecole de médecine, un pauvre goût grec et romain qui ressemble au Colysée ou au Parthénon comme la Constitution de l'an III aux lois de Minos ; on l'appelle, en architecture, *le goût messidor.* » *Notre-Dame de Paris,* édit. Lemerre, tome I, p. 214.

(2) Voir, sur Charles Durand, la notice aux Pièces annexes et dans les *Mémoires de l'Académie de Nimes,* volume des années 1838 à 1841, p. 283, sa biographie par Eyssette, son confrère à l'Académie de Nimes.

(3) Grangent avait été directeur des travaux publics de la province de Languedoc. Voir aux *Archives départementales,* C, 154, un devis signé par lui en cette qualité. Né, en 1770, à Pont-Saint-Esprit ; mort, à Nimes, en 1843. Grangent était membre de l'Académie de Nimes. Sa notice biographique, par O. Plagniol, est aux *Mémoires de l'Académie,* année 1865-1866, p. 48.

Son frère cadet, ingénieur du département à Pont-Saint-Esprit, fut condamné à mort par le tribunal révolutionnaire du Gard. — Rouvière, *Histoire de la Révolution dans le Gard,* t. IV, p. 339.

(4) Le premier volume de cet ouvrage, illustré de belles gravures, parut en 1819.

Charles Durand conçoit un vaste plan de rénovation pour le quartier du Palais de Justice. Dans son imagination, hantée par le rêve des illustres édifices de jadis, le souvenir de la Basilique d'Adrien (1) s'impose, s'associe aux arcades indestructibles des Arènes. Les grossières bâtisses de la sénéchaussée seront démolies. Tout l'ilot, de la rue Régale aux Arènes, sera consacré au Palais qui les remplacera, entouré de voies publiques, indépendant des prisons en même temps assainies. Vers l'Esplanade, au midi, du côté où va s'étendre la ville agrandie, on fera au nouveau monument une superbe entrée ; on dressera une colonnade, un portique, une silhouette évocatrice du prétoire romain. Le déblaiement des Arènes sera repris et achevé. L'ellipse colossale, tout entière, réapparaîtra dans la lumière et l'espace. Ce sera, à cet endroit de Nimes, comme la vision du décor lapidaire que créa le siècle des Antonins : l'amphithéâtre rendu aux jeux populaires, et, de l'autre côté de la voie qui menait à la porte *Anagia*, la basilique moderne, le Palais de Justice rendu aux belles formes d'art.

Cette conception grandiose entraînait de trop lourdes charges pécuniaires pour qu'elle pût être intégralement adoptée. La réorganisation administrative, l'entretien des armées, en lutte contre les monarchies, absorbaient ce qui restait de ressources à la République. On refusa à l'ingénieur le magnifique emplacement que lui aurait donné la totalité de l'ilot entre les Arènes et la rue Régale.

(1) Cette hantise se révèle dans une lettre de Charles Durand à propos d'une modification qu'on demande à son plan du Palais, et qu'il refuse comme contraire à l'harmonie de la façade. On ne peut sacrifier cette harmonie « lorsqu'on pense, dit-il, que ce Palais est élevé précisément à la même place où existait le prétoire romain. Ses ruines attestent que la façade au moins était de marbre blanc de Carrare. Les pilastres qu'on a retrouvés, les frises..... attestent que ce bâtiment n'avait pas moins de 12 à 15 mètres d'élévation. Certes, il était bien plus magnifique que celui que nous proposons, et, cependant, jamais la province romaine de Nimes n'eut 900.000 habitants, comme les départements du ressort du tribunal d'appel. » *Archives départementales.*

L'acquisition des maisons de cette rue paraissait trop onéreuse. Seule une fraction de la partie occidentale de l'ilot était mise à la disposition de Charles Durand pour y réédifier le Palais et les prisons. Dans cette parcelle de terrain trop exiguë, les proportions de l'ensemble architectural projeté devaient être absolument compromises. L'amphithéâtre et les prisons du Palais seront séparés par une voie de largeur insuffisante, perdront par l'étranglement du passage la beauté de la perspective. En avançant à l'est, sur la rue Régale, les édifices projetés, l'architecte aurait pu gagner de l'espace devant la façade de la Maison d'arrêt vers les Arènes, agrandir le boulevard, et laisser ainsi au monument romain, pour l'harmonie de son puissant contour, une plus libre étendue ; il aurait pu doubler les dimensions du Palais, et, par ce moyen, le mettre en état de satisfaire à tous les besoins de l'avenir. Charles Durand eut le pressentiment que son œuvre, telle qu'on allait la restreindre, serait précaire. Mais il dut se résigner, proposer à l'ingénieur en chef des projets peu coûteux, s'efforcer de réduire, pour une réalisation incomplète, les principales lignes du plan qu'il avait rêvé. Les travaux ne s'exécuteront d'ailleurs que très lentement, à travers les guerres, sans cesse rallumées, de l'Empire. Puis, à peine achevé, le Palais sera reconnu trop étroit, et un autre architecte ne tardera pas à le reconstruire dans de vastes proportions que Charles Durand, moins heureux, n'avait pu obtenir pour son œuvre.

*
* *

Après deux années d'études et de négociations, une loi du 27 ventôse an XI (mars 1803), édictait une imposition de 96,704 francs, à la charge du département du Gard, pour subvenir aux frais de reconstruction du Palais de Justice. Charles Durand avait réduit ses plans au strict nécessaire, conservant, pour ne pas dépasser les crédits, la majeure partie des anciens bâtiments. Il avait maintenu, néanmoins, l'orientation de la façade au midi. Il n'avait pu se résoudre à sacrifier tout son poème : le portique greco-romain, rapetissé, remanié pour une moindre dépense, s'érigerait quand même sur l'Esplanade, en une parcelle, trop avarement mesurée par l'administration, dont l'achat était autorisé. Cette parcelle, naguère encore occupée par le rempart du Palais, et vendue comme bien national à Courbis, serait rachetée à sa veuve, avec la maison du défunt maire terroriste.

A la session de Floréal an XI (avril 1803), le préfet rend compte au conseil général du vote de la loi de ventôse :
« Les avantages que le département du Gard en retire
» exciteront votre attention. Elle détruit toutes les in-
» quiétudes qu'on aurait pu concevoir sur l'existence du-
» rable du tribunal d'appel. Elle offre toutes facilités aux
» justiciables par la réunion de tous les tribunaux dans
» le même local. » (1)

A la session suivante, le préfet soumet au conseil général le devis estimatif des travaux dressé, le 16 thermidor
an XI, par Charles Durand. Sous le modeste intitulé de
ce devis se cachaient les illusions perdues de l'ingénieur
archéologue : au lieu de la superbe basilique rêvée, c'é-
taient « des ouvrages à faire, pour l'agrandissement de la
» Maison d'Arrêt et de Justice de la ville de Nimes, pour
» réunir dans un même local les trois tribunaux de ladite

(1) On retrouve plusieurs fois, depuis, dans les délibérations des corps élus siégeant à Nimes, ces inquiétudes d'un transfert possible en une autre ville de la juridiction d'appel.

On y retrouve aussi des plaintes sur la mise à la charge du département ou de la ville d'une trop grande part des dépenses faites pour le Palais de justice. A la session de floréal an XI, le préfet prévient une réclamation éventuelle sur l'imposition dont la loi de ventôse grève le département, en faisant observer que les travaux à entreprendre au Palais ont un caractère purement départemental. Ils ont, en effet, pour but essentiel, la réunion au Palais agrandi, des tribunaux qu'on a dû installer en divers en-
droits, et le dégagement de la maison d'arrêt confondue avec le Palais.

On a fréquemment discuté sur les droits respectifs de l'Etat, du département et de la commune, en ce qui concerne le Palais de Justice construit et entretenu avec des subsides provenant de ces trois collectivités. Voir aux Annexes une note à cet égard.

» ville et créer des ateliers de travail pour les détenus. »
On lit, dans l'exposé qui suit ce sommaire, qu'au local
» actuel du Palais il faudra joindre la maison Courbis et
» le vacant du côté de la promenade de l'Esplanade vers
» laquelle doit nécessairement être placée l'entrée des
» tribunaux. »

Cette entrée cessera, ainsi, d'être « confondue avec celle
» des cachots (1), et placée dans une rue tortueuse et trop
» étroite pour un pareil établissement..... Les salles des
» tribunaux seront, par ce moyen, placées dans des posi-
» tions avantageuses et éloignées des prisons avec les-
» quelles elles auront assez de communications sans en
» être entourées, et elles ne seront plus exposées aux
» mauvaises exhalaisons qu'il n'est pas convenable que
» les juges et le public respirent continuellement. » (2)

L'an XII se passa sans que les travaux pussent com-
mencer (3). Il avait fallu débattre, avec la veuve Courbis,
le prix de son immeuble, et modifier derechef les plans,
cette fois pour satisfaire à quelques observations de détail

(1) On a vu, antérieurement, que le Palais et les prisons avaient
une entrée commune dans la ruelle contournant les Arènes.

(2) Charles Durand ajoute encore dans son exposé « que la maison d'arrêt et les tribunaux, tels qu'ils sont en ce moment, pré-
sentent, dans leur ensemble et dans leurs détails, une distribution
si vicieuse et si mal appropriée à un pareil établissement qu'il a
été jusqu'à présent impossible d'y pratiquer les choses utiles aux
divers objets et encore moins d'y placer des ateliers de travail
exigeant un local moins resserré..... L'entassement des détenus
occasionne tous les étés des maladies épidémiques, dangereuses
pour la ville au centre de laquelle la maison d'arrêt se trouve placée... Il faudrait des préaux et de nouvelles communications pour
purifier l'air toujours corrompu..... »

Ce rapport de Charles Durand et la plupart des pièces citées
concernant le Palais de Justice de cet architecte se trouvent à la
Série N des *Archives départementales*, 5ᵉ division. Immeubles départementaux, n° 1. Agrandissement du Palais de Justice à Nîmes
de l'an XI à 1807.

(3) C'est en l'an XII que le Code civil est promulgué par la loi du
30 ventôse (mars 1804) et que Napoléon est proclamé empereur.

présentées par les magistrats (1). Il avait fallu encore subir un fâcheux incident et y remédier : aucun entrepreneur ne s'était présenté à une première adjudication (2). Les prix du devis avaient dû être majorés pour attirer les adjudicataires. Enfin le 13 floréal an XIII (avril 1805), la propriété Courbis, emplacement de la façade sur l'Esplanade, était achetée par le préfet (3), et le 22 prairial de la même année (juin 1805), une seconde adjudication ayant eu lieu, le citoyen Nolhac, entrepreneur des travaux de la ville de Nimes, était déclaré adjudicataire des ouvrages projetés. (4)

*
* *

(1) Voir *Revue du Midi,* octobre 1899, p. 335, « A la recherche d'une inscription », par M. F. ROUVIÈRE, les observations du président de la cour d'appel Meyneaud, devenu, en 1811, premier président de la cour impériale comme baron Meyneaud de Pancemont. FAJON, *Juridictions de Nimes,* p. 4 et 6. Le *tribunal* d'appel est devenu *cour* d'appel à la création de l'Empire.

(2) Rapport de M. le Préfet d'Alphonse au Conseil général, le 3 floréal an XIII (avril 1805). En faisant part de ce contre-temps au Conseil général, le préfet ajoute qu'il faut attendre, pour l'amélioration des prisons, que le Palais soit reconstruit. Le Préfet célèbre l'avènement de l'Empereur : « ainsi s'est terminée une des plus étonnantes révolutions qui aient désolé la terre. »

On trouve, aux *Archives départementales,* 5. N. 1, à la date du 6 pluviôse an XII, le premier devis général dont les prix furent jugés insuffisants par les entrepreneurs.

(3) L'achat est fait pour le département, par le préfet, au prix de 16.124 francs. Voir, sur la propriété Courbis, ce que nous en avons dit : Tribunaux de la Révolution, p. 49 et 50. La propriété se composait de trois parcelles d'origines diverses, confrontant, d'après les termes de l'acte d'achat, « *du levant, inclinant un peu au nord,* le terrain acquis de la commune par le sr Loison, vacant servant de passage au Palais de justice entre eux ; du *nord,* ledit Palais ; du *couchant,* rue dite du Palais (aujourd'hui boulevard des Arènes) ; du *midi,* le chemin public (aujourd'hui boulevard de l'Esplanade), trottoir entre deux, de la contenance, le tout, de 731 mètres carrés. » Voir aux Annexes.

(4) *Archives départementales,* 5. N. 1. « Procès-verbal d'adjudication des travaux concernant l'établissement des tribunaux et l'agrandissement des prisons du Palais de Justice de Nimes. »

Les chantiers s'ouvrent au milieu des chaleurs de messidor an XIII (juin 1805) (1). Les ouvriers s'emparent de la partie méridionale du vieux Palais dont ils démolissent la plupart des salles intérieures (2). Maçons et magistrats sont mélangés, se gênant réciproquement dans leurs travaux. Des chutes de moëllons défoncent les plafonds des cabinets des juges. L'invasion des démolisseurs désorganise les services judiciaires qui doivent se concentrer, peu à peu, dans une seule salle. Le procureur général Cavalier y tient son parquet au milieu des dépôts d'archives, des greffiers, des huissiers, et des délibérations de la cour (3). Le malheureux procureur ne peut même obtenir des rideaux pour cette « pièce universelle » dont la fenêtre donne sur un passage public, de sorte » que, dans leurs délibérations, desquelles dépendent » l'honneur et la vie des citoyens, les magistrats sont » exposés à la vue des passants et détournés par le bruit » qu'ils font. » (3)

Aux ravages des maçons se joignent ceux causés par les rats, qui, chassés de leurs asiles séculaires aux murailles abattues, envahissent les bureaux du greffe de la cour criminelle, dévorent les pains à cacheter, se jettent sur les registres et les procédures, menaçant de les anéantir. Le greffier porte plainte à M. le procureur général et à M. l'ingénieur en chef Grangent, contre « ces quadrupèdes omnivores qui font la guerre à ses papiers ». (4)

(1) Quelques mois avant Austerlitz.

(2) La façade au couchant et les salles voisines des prisons ne seront démolies et reconstruites qu'avec la maison d'arrêt, de 1825 à 1827. Voir ci-dessous.

(3) Sur ces incidents, voir *Revue du Midi*, 1899, numéro d'octobre, « A la recherche d'une inscription », par F. ROUVIÈRE.

(3) Lettre du Procureur général au Préfet en date du 16 fructidor an XIII.

(4) Grangent lui répond (thermidor an XIII) qu'il faut s'occuper avec activité de les détruire par les pièges et le poison, sans quoi « rien n'empêcherait ces animaux voraces de se transporter dans » le nouveau local ».

En juin 1806 (1), les travaux sont déjà avancés. La voûte
de la nouvelle entrée est construite. Mais on se hâte trop
de la décintrer, Elle s'écroule, tuant quatre ouvriers et en
blessant deux autres. Il faut la refaire. Il faut aussi reprendre en sous-œuvre les fondations de la vieille façade
sur la rue du Palais, vis-à-vis des Arènes. Elles ont été
mises à découvert, parce que le sol de la rue a été abaissé
pour faciliter la circulation (2), et les ingénieurs les ont
reconnues si délabrées, « si mal établies, qu'il y aurait
danger à les laisser telles » (3). Les devis supplémentaires
vont se succéder.

On est au lendemain d'Austerlitz (4), en pleine épopée
impériale. Il semble que le pays, riche de gloire, pourra
dépenser sans compter pour ses édifices publics. L'or-
gueil de l'empire victorieux enfle le discours du préfet,
d'Alphonse, à la session du conseil général de juin 1806 :
« Le temple de la Justice ne saurait être trop majestueux ! Quand on construit pour les siècles, ce ne sont pas
des ouvrages imparfaits qu'on doit leur transmettre ! C'est
se dévouer par avance à leur accusation ! » Charles Durand songe avec amertume que, sous de telles inspira-
tions, le somptueux monument qu'il avait rêvé eût pu se
réaliser. Napoléon comme Adrien eût construit sa basilique nimoise. Mais il était trop tard, maintenant, pour
revenir aux grandioses proportions du plan primitif. L'architecte put seulement, favorisé par le préfet, obtenir de
nouveaux et plus importants crédits pour l'embellissement de son œuvre. Près de cent mille francs seront ainsi

(1) Le calendrier grégorien est rétabli en vertu du sénatus-con-
sulte du 22 fructidor an XIII (septembre 1805) qui a aboli l'usage
du calendrier républicain.

(2) On a vu (p. 33, *Palais présidial*) qu'antérieurement il fallait
gravir une rampe pour arriver au Palais par la rue de l'Audience.

(3) Devis du 8 juin 1806. Le devis primitif ne comportait, de ce
côté du Palais, que des travaux intérieurs.

(4) Pendant les quelques mois de paix que cette victoire a assu-
rés depuis décembre 1805. La guerre va recommencer pour aboutir
au nouveau triomphe d'Iéna (octobre 1806).

ajoutés à la très insuffisante somme accordée par la loi de l'an XI. (1)

Grâce à ces tardives largesses, Charles Durand put faire sculpter le fronton de son portique, canneler les colonnes du péristyle, orner l'attique des pavillons et commander pour le grand perron sur l'Esplanade une grille monumentale (2). Il put enfin se donner la suprème satisfaction d'une reconstitution partielle du fameux Palais d'Adrien : il édifia la salle destinée à la juridiction criminelle sur le modèle de la nef centrale des basiliques, des rangées de colonnes suportant des tribunes, et, au fond de l'auditoire, un tribunal demi-circulaire (3). Par ses soins, de nombreux débris découverts dans les fouilles furent conservés à l'admiration des archéologues : des aigles semblables à celles que le jardin du Présidial avait déjà livrées au XVIIe siècle, un tronçon de pilastre colossal avec son chapiteau, et un fragment de cette frise aux têtes de taureaux unies par des guirlandes de fruits que Rulman avait montrée dans une cave au cardinal de Bagni. (4)

En mars 1807, les principaux ouvrages intérieurs sont terminés. La cour d'appel, impatiente de prendre possession de sa nouvelle salle d'audience, s'y installe sans attendre que les plâtres soient secs. Au milieu de ces

(1) Dans son zèle pour le Palais, le Préfet ira jusqu'à lui faire affecter une somme de 40.000 francs votée par le Conseil général pour le pont de Beaucaire. Session du Conseil général d'octobre 1807.

(2) Devis supplémentaires de juillet 1806.

(3) PELET, *Essai sur la Maison-Carrée*, p. 24.

(4) Voir sur ces découvertes : *Album archéologique du Gard* dont l'un des auteurs, Henri Durand, était le fils de Charles Durand ; PIGAULT-LEBRUN, *Voyage dans le Midi de la France*, p. 169 ; et, plus haut, *Palais présidial*, p. 35 et seq..

On trouva aussi dans les fouilles d'énormes pierres que, dans une lettre du 20 mars 1806, le préfet appelle « pierres des Arènes », mais qui étaient plutôt celles des anciens remparts, ou des substructions de la Basilique romaine.

murailles trop humides les rhumes et les catarrhes assail-
lent les magistrats. Ils doivent se résigner à siéger quelque temps encore dans la chambre du conseil. (1)

Dominant l'Esplanade, sur les colonnes de la façade
gréco-romaine du Palais neuf, se dresse maintenant le
fronton du portique. En novembre 1807, l'ingénieur en
chef consulte ses confrères de l'Académie de Nimes (2)
sur l'inscription qu'il convient d'y graver. Un débat très
littéraire s'engage à cette occasion, entre plusieurs esprits
distingués, jaloux d'illustrer, en pur style lapidaire, la
plaque de marbre déjà posée au centre de la corniche, au-
dessus des hauts chapiteaux. « L'abbé Maury, de l'Académie de Paris » (3), éclectique, Soustelle, président de la
cour criminelle, résolument latiniste, le préfet d'Alphonse lui-même, qui tient pour le français, prennent
part au débat, font assaut d'élégante érudition. Ce fut
une inscription latine qui l'emporta, et qui, fondue en
lettres de bronze, fut incrustée au marbre. Quel était
exactement son texte ? C'est une question déjà presque
aussi difficile à résoudre que celles des inscriptions millé-
naires aux antiques frontons romains. Elle devait certai-
nement porter le nom de Napoléon, car elle fut arrachée
par la populace royaliste (4) le 15 avril 1814, trois jours
après l'abdication et les adieux de l'empereur à Fontaine-

(1) Réclamation de Noaille, premier juge, président de la cour
d'appel (26 avril 1807).

(2) D'après sa lettre du 30 novembre 1807, c'est la veille qu'il
aurait consulté l'Académie. Mais le procès-verbal de la séance de
l'Académie du 29 novembre ne porte pas trace de cette consultation.

(3) Sans doute le fameux abbé Maury, un des plus fougueux
députés du clergé à l'assemblée nationale, émigré à Rome pendant la Terreur, représentant du comte de Provence, puis rentré
en France en 1804, ardemment rallié à Napoléon, archevêque de
Paris en 1810.

(4) D'après le journal manuscrit du conseiller Fargeon, la plaque
de marbre aurait été enlevée par ordre de la cour (page 92 du manuscrit).

bleau. Un de nos plus érudits contemporains nimois a vainement recherché ses traces. (1)

Les travaux pour l'aménagement du Palais, les ouvrages de boiserie, de peinture et de sculpture se poursuivirent pendant toute l'année 1808 (2) et ne furent pas terminés avant les premiers mois de 1809. La guerre avec l'Angleterre avait eu sur leur achèvement une répercussion inattendue, en retardant l'arrivée des « piédestaux et » bustes de Sa Majesté, commandés à Carrara » et qui n'avaient pu être transportés par mer, en temps voulu, à cause de la croisière anglaise sur les côtes d'Italie. On avait craint une humiliante capture des marbres impériaux par les frégates d'Albion.

Ils arrivèrent enfin, et leur inauguration consacra le nouveau Palais de Justice. Elle eut lieu le 18 avril 1809, très solennellement, devant de nombreux spectateurs. *Le Journal du Gard* du 22 avril rapporte que « trois » bustes en marbres de Carrare très bien sculptés repré- » sentant Napoléon Ier furent placés successivement dans » les trois salles d'audience, et que messieurs les prési- » dents et procureurs impériaux prononcèrent des discours

(1) *Revue du Midi*, octobre 1899, *A la recherche d'une inscription*, par M. F. Rouvière. Contrairement à ce qui est dit à la note, page 342, de cette étude du savant historien nimois, les procès-verbaux des séances de l'Académie de Nimes pour l'année 1807 existent et ont été soigneusement conservés par la Compagnie. M. le secrétaire perpétuel Clauzel m'a fait constater sur le registre de ces procès-verbaux, aux archives de l'Académie, qu'il y eut notamment séance, le 29 novembre 1807, où étaient présents MM. Gergonne, président, Eymar, Vincens, Vincent Saint-Laurent, Trinquelague, Guérin, Philip, Grangent (l'ingénieur en chef), Descotes et Trélis. Il y eut aussi séance les 13, 19, 24 et 27 décembre 1807. Mais il ne fut officiellement question à ces réunions que des prix annuels à décerner par l'Académie.

L'avis demandé par l'ingénieur en chef sur l'inscription destinée au fronton du Palais dut être purement officieux, débattu entre confrères, en dehors des séances académiques ordinaires.

(2) Du 12 janvier 1809, un procès-verbal de réception de divers ouvrages indique ceux qui restent à terminer.

» analogues à la circonstance dans lesquels ils exprimè-
» rent les sentiments d'amour, d'admiration et de respect
» que l'image du héros excitait dans l'âme de tous. » (1)

* *
*

L'œuvre de Charles Durand présentait sur l'Esplanade
une harmonieuse façade d'un dessin architectural très
rapproché de celui du Palais actuel, mais en des proportions moindres, presque de moitié, et d'une moins riche
décoration. Au milieu, un portique d'ordre dorique vers
lequel on monte par un large perron. Six colonnes canne-
lées soutiennent son fronton où Thémis est sculptée, dis-
tribuant la Justice (2). Sur le palier supérieur du perron,
des statues (3) : la Vigilance à droite, la Prudence à gauche. Deux pavillons, en avant corps, encadrent le portique
auquel ils se rattachent par des péristyles, dominent les
degrés de l'escalier monumental, vont s'aligner sur les
bords du trottoir de la route de Montpellier. Ils y ouvrent
chacun trois fenêtres, surmontées d'un attique où s'en-
trelacent des couronnes civiques et des guirlandes de
chêne. Une grille ferme sur toute sa largeur l'entrée du

(1) Après la cérémonie, M. le Président de la cour d'appel « réu-
» nit les chefs des différents corps dans un banquet où l'esprit
» d'union et la gaité ajoutèrent encore au plaisir et à l'enthou-
» siasme qu'inspirait le sujet de la fête. » Voir, à la Bibliothèque
de la ville, le *Journal du Gard* du 22 avril 1809.

(2) D'après les termes du devis du 22 juillet 1806, « la Justice
écartant les méchants et accueillant les bons ».

(3) D'après une note en date du 9 avril 1807, publiée au *Journal
du Gard* de cette année et signée « Sabonadière », homme de loi,
ces statues et les sujets du fronton étaient l'œuvre du sculpteur
Duvaudé sur lequel j'ai vainement cherché quelque référence.
Sabonadière donne sur l'architecte du Palais des renseignements
paraissant inexacts dont je reparlerai dans la notice biographique de Charles Durand, aux annexes.

Les deux statues des terrasses du Palais actuel sont encore
celles attribuées par Sabonadière à Duvaudé, mais plusieurs fois
réparées.

perron, fixée à des pilastres que décorent des trophées d'armes et des aigles aux ailes dorées. (1)

Le nouveau Palais de Justice fit sensation. C'était le premier édifice moderne relevant, dans cette ville déchue de ses splendeurs artistiques, une de ces colonnades qui, aux temps romains, se dressaient partout en ses murs. Certains lettrés affirmèrent qu'il rappelait les *Propylées*, la fameuse entrée de l'Acropole d'Athènes. Vu de l'Esplanade, il produisait une impression très vive d'élégance sévère et sobre. Il valut à son auteur les éloges de l'archichancelier Cambacérès. Son plan fut gravé dans le *Recueil des modèles du cours d'architecture de l'Ecole polytechnique*. Enfin il fut cité dans les livres de voyage et dans les guides (2) de l'époque, à la suite de la description des monuments antiques ; c'était un honneur qu'aucune autre œuvre architecturale nimoise n'avait encore mérité depuis les Romains. Chacun regretta toutefois que des crédits et un emplacement trop parcimonieusement accordés, à l'origine, eussent empêché Charles Durand de donner à ses plans toute leur ampleur. Le pavillon de droite finissait à peu près où commence celui qui aujourd'hui s'étend jusqu'à la rue Régale. La façade qui aurait eu besoin d'espace en cet endroit, pour s'y profiler librement, allait y être prosaïquement bornée par le hangar des messageries Galline.

La distribution intérieure (3), de même que la disposition générale de la façade, se rapprochait fort de celle

(1) Devis du 22 juillet 1806. Ces aigles furent arrachées par la populace le 15 avril 1814.

(2) M. Rouvière, *loc. cit.*, *Revue du Midi*, octobre 1899, p. 341, cite la description du Palais de Charles Durand faite dans un *Guide* imprimé à Nimes en 1825 et attribué à Pelet. Nous reviendrons, aux annexes, sur les appréciations dont fut l'objet l'œuvre de Charles Durand.

(3) Elle est indiquée en un croquis existant aux *Archives départementales*, 5. N. 12. — Il m'a été impossible de retrouver les plans originaux des divers Palais de Justice, même ceux du Palais actuel. Remis sans doute aux entrepreneurs, ils étaient détériorés, détruits ou perdus.

du Palais actuel, seconde édition, en quelque sorte, agrandie et enrichie, du Palais de l'Empire. Après avoir franchi le péristyle, on pénètre dans un vestibule dont la voûte s'appuie sur des colonnes. A droite l'auditoire de la cour d'appel ; à gauche celui du tribunal de première instance ; en face, la salle de la cour criminelle en forme de nef basilicale. Les chambres du conseil sont dans les pavillons de chaque côté du perron. Le tribunal de commerce n'a pu trouver place. Il continuera à siéger en dehors du Palais.

Autour de la salle de la cour criminelle, qui s'étend jusqu'aux prisons : à gauche, sur la vieille façade vers les Arènes, des pièces réservées aux divers services, aux officiers publics, aux témoins, aux jurés ; à droite, la chambre du conseil de la cour criminelle, et ce qui reste de l'antique jardin du Présidial. Des escaliers conduisent à deux étages fort bas, dont les baies irrégulières prennent jour, pour le greffe et les parquets, sur la rue que borde l'amphithéâtre.

La porte de l'ancien Palais, en face des Arènes, et sa cour humide sont maintenant plus spécialement réservées aux prisons. Mais les magistrats et les hommes de loi s'en déshabituent difficilement, y passent encore. De même les juges de la cour d'appel tiennent fort à une petite entrée qu'ils ont par la rue Régale. Une note de l'architecte au conseil des bâtiments civils (1) explique que l'accès par le portique de l'Esplanade, plus solennel, est moins commode. On est obligé de s'y exposer au soleil et à la poussière du chemin de Montpellier, qui est « la route de Lyon à Béziers », une des plus fréquentées de France.

*
* *

Les victoires de l'Empire continuaient et avec elles les

____

(1) Note du 16 juillet 1813 à propos des modifications projetées à la vieille façade vers les Arènes. Le conseil des bâtiments civils siège à Paris et examine les plans des architectes de province pour les édifices publics.

grands travaux publics (1). Tandis que Charles Durand achevait son Palais, le préfet d'Alphonse et l'ingénieur en chef Grangent avaient obtenu un décret impérial (2) leur allouant près de 450,000 francs pour le dégagement définitif des Arènes. Cette entreprise, que François Ier avait désirée et le dernier siècle ébauchée, Napoléon tout puissant l'accomplissait. Au début de 1810, on démolissait les maisons, qui, avec les bâtisses de la *salle de la Comédie* (3), masquaient encore au midi la perspective de l'amphithéâtre, étranglaient la rue du Palais à son débouché vers l'Esplanade. Une place magnifique s'ouvrait devant les Arènes, sur le bord de la route de Montpellier, communiquant avec l'Esplanade vers l'angle du pavillon occidental du nouveau Palais qu'elle mettait en valeur. .

Mais la disparition des masures de l'ilot de la Comédie laisse maintenant apparaitre, lamentable et choquante dans la pleine lumière, toute la façade décrépite de l'ancien Présidial. Charles Durand n'y avait touché que pour réparer sa base menaçant ruine (4). « La hauteur inégale » des couverts, dit un rapport de l'ingénieur en chef (5), » le mauvais état du mur très ancien, l'inégalité de ni- » veau, de dimension et de décoration des fenêtres, les » unes modernes, les autres à croisillons, produisent » l'effet le plus désagréable. »

---

(1) 138 millions furent consacrés aux travaux publics en 1810 et 154 millions en 1811.

(2) Décret du 2 février 1809 pour l'achat des vieilles maisons des Arènes et la restauration du monument. Voir *Revue du Midi*, 1896, DE BALINCOURT, *L'ancienne ville des Arènes*, p. 17.

(3) Edifiée en 1739. Elle était à moitié souterraine et sordide comme les masures qui l'entouraient. Elle avait été délaissée en 1789 pour une salle provisoire bâtie près des Casernes. La salle du théâtre actuel fut commencée vers 1799 sur les plans de l'architecte Meunier, mais sa façade ne fut achevée que vers 1825 après les œuvres architecturales de Charles Durand. PIEYRE, *Histoire de Nimes*, t. II, p. 311, et *Revue du Midi*, 1899, p. 93, *Documents sur le Théâtre de Nimes*, par A. CRÉMIEUX. Voir encore *Palais Présidial*, p. 41.

(4) Voir, p. 65, *Palais de l'Empire*.

(5) Mémoire de Grangent, du 23 mars 1810.

Le préfet d'Alphonse, toujours ambitieux de léguer aux siècles futurs un « Temple de la Justice » digne de l'Empire, demande à Charles Durand des plans pour ce côté du Palais, un projet d'ensemble dans lequel sera comprise la reconstruction des prisons que l'architecte n'a pas cessé d'étudier. Il faut, sur cette immense ligne allant de l'Esplanade jusqu'après les Arènes, la magnificence d'une façade capable de supporter son vis-à-vis avec l'amphithéâtre à présent dégagé. Le conseil des bâtiments civils est saisi de diverses propositions (1). Mais leur examen est ajourné. Napoléon prépare une réorganisation judiciaire. On attend qu'elle soit opérée pour prendre ensuite les dispositions que comporteront les changements apportés dans les juridictions nimoises. (2)

*
* *

La loi du 20 avril 1810, les décrets des 6 juillet et 18 août de la même année font la réorganisation attendue, amplifient les cadres de la magistrature et rehaussent son éclat. L'empire est à son apogée ; Napoléon a reconstitué l'héritage de Rome : 130 départements français s'étendent de l'Elbe au Tibre. Les codes viennent d'être successivement promulgués (3). Un actif mouvement d'affaires litigieuses en résulte pour lequel l'unique chambre de la cour d'appel de Nimes ne pouvait suffire. Erigée en cour

---

(1) *Archives départementales*, 5. N. 3. A noter un projet de terrasse longeant la façade, à laquelle on accèdera par trois perrons placés à intervalles réguliers. Ce projet fut écarté avec raison par le conseil des bâtiments civils. Il réduisait de cinq mètres la largeur de la rue contournant les Arènes, dont les quinze mètres sont déjà très insuffisants.

(2) Dans son rapport au Conseil général du 15 février 1810, le préfet d'Alphonse dit : « En anticipant sur cette organisation, l'on » aurait à craindre de faire des dispositions qui ne fussent pas en » harmonie avec elle. »

(3) Les codes de commerce et d'instruction criminelle en 1808. Le code pénal en 1810. Le code de procédure civile est exécutoire depuis 1807.

impériale elle aura désormais trois chambres, dont l'une chargée des appels correctionnels. (1)

La cour impériale fut solennellement installée, le 10 juillet 1811 (2), par le sénateur comte Dubois, commissaire spécial de l'Empereur. On s'aperçut aussitôt de la gêne qu'elle éprouverait en raison des proportions insuffisantes du Palais. Charles Durand, qui avait vainement tenté de construire un plus spacieux édifice, dut se préoccuper d'agrandir l'œuvre trop restreinte qu'on lui avait imposée sous le Consulat. Mais de graves évènements allaient se précipiter, absorber l'attention du gouvernement et l'empêcher d'entendre les doléances de la cour de Nimes sur l'étroitesse de son local (3). La campagne de Russie est engagée ; Napoléon conduit la Grande Armée à Moscou. Les victoires se changent en défaites. 1813 avec Leipsig, 1814 avec la prise de Paris, abattent subitement

(1) Le décret du 6 juillet 1810 crée la Première présidence et donne aux juges d'appel le titre de conseillers. Le nombre des magistrats de la cour passe de 17 à 29. Il a été réduit à 23 en 1883 et à 22 en 1901. Une chambre a été supprimée en 1883.

La loi de 1810 remplace la cour criminelle, dans les affaires où elle siégeait avec l'assistance du jury, par la cour d'assises, et, dans les affaires correctionnelles, par la chambre d'appel correctionnel.

Les cours impériales devinrent cours royales avec la royauté. Elles sont redevenues cours d'appel avec la République.

Le ressort de Nimes comprend actuellement dans ses quatre départements 1036 communes, 117 cantons et 14 tribunaux d'arrondissement.

(2) Le décret du 6 juillet 1810 portait que « le jour de l'installation de chaque cour impériale serait fixé par un décret particulier ». Le gouvernement avait ainsi le temps de choisir le personnel, considérablement augmenté, des nouvelles juridictions.

Un décret du 10 juin 1811 fixa la date d'installation de la cour de Nimes. Voir aux annexes un extrait du procès-verbal de cette installation, qui ne figure pas dans les registres des arrêts de la cour de Nimes.

(3) Après les désastres de Russie, il est question de réduire le nombre des cours impériales. Charles Durand dit, dans un rapport de 1813, qu'au cas de suppression de la cour de Nimes, il deviendrait inutile d'agrandir le Palais.

l'Empereur, livrent la France à l'invasion. La vie judiciaire est interrompue au milieu de ces catastrophes.

De cruelles alternatives furent subies par la magistrature pendant les Cent jours, et après Waterloo, sous l'influence de la réaction royaliste de 1815 (1). Le cours de
la justice fut plusieurs fois suspendu, le Palais envahi
par la populace ou déserté par les magistrats (2). La
guerre civile ensanglanta le pays ruiné, en proie à l'é-
tranger.

Les malheurs publics, les soucis personnels ont fait
oublier aux conseillers les incommodités de leur audience.
Ils se contentent d'une installation sommaire, d'un mobilier indigent. Les chambres siègent successivement dans
la même salle unique dont un inventaire de 1815 (3)
laisse supposer le dénûment : pas de fauteuils, mais de
simples banquettes, quatorze brasières avec leurs bois
pour suppléer à la faiblesse des deux poëles en faïence, un
piédestal en marbre d'où l'effigie de Napoléon a été enlevée et qui attend encore le buste de la nouvelle majesté.
« La salle civile du conseil » n'est guère plus confortable malgré ses « vingt fauteuils dits cabriolets » et son

---

(1) 5 mars 1815. Ordonnance impériale concernant les provisions
à délivrer aux membres des cours et tribunaux.

21 mars 1815. Décret daté de Lyon annulant les changements
arbitraires opérés depuis le départ de Fontainebleau.

13 juillet 1815. Revanche royaliste. Ordonnance portant que les
membres de l'ordre judiciaire, nommés depuis le 20 mars précé-
dent, cesseront à l'instant leurs fonctions.

Voir notamment LAUZE DE PERRET, *Troubles du Gard*, 2ᵉ volume,
et, sur la période de 1815 à 1820, les *Pièces et documents du procès de Madier de Montjau fils*, conseiller à la cour royale de
Nimes, président des assises du Gard et de Vaucluse. — Paris,
Dalibon, 1820.

(2) *Journal manuscrit* du conseiller Fargeon (1812 à 1831), que
m'ont communiqué ses arrière-petits-fils, MM. Gaillard, greffiers
en la cour.

(3) Inventaire du 20 janvier 1815, aux *Archives départementales*,
5. N. 12, signé Durand, baron Meyncaud de Pancemont, premier
président, et Bruyère, greffier.

« quinquet à quatre branches ». L'éclairage se fait surtout aux chandelles (1), ainsi qu'en témoigne la mention à l'inventaire d'une « mouchette et son porte-mouchette ». Comme vestiaire, une simple armoire, dans un coin de la salle.

*
* *

Malgré les embarras financiers obligeant à suspendre la plupart des travaux, diverses dépenses doivent être faites de 1815 à 1817, pour des aménagements jugés indispensables, au Palais. En septembre 1815, à l'occasion des troubles qui agitent Nimes depuis la chute définitive de Napoléon, la troupe est sans cesse en réquisition pour la défense des tribunaux et de la maison d'arrêt. Charles Durand doit transformer en logis de corps de garde (2) la salle des pas perdus du Présidial (3), existant toujours à côté des prisons. L'année suivante, en pleine réaction royaliste, il faut organiser le local où va siéger *la cour prévôtale.* (4)

(1) En 1808, la cour n'avait pour ses menues dépenses qu'une allocation de 1.200 francs. Le prix du bois ayant augmenté, une délibération du 4 mai 1808 (Registres de la cour) demanda un supplément d'allocation.

Le greffier, comme au temps du Présidial, tenait le compte des dépenses. Mais, en 1808, une délibération décida que ce compte serait tenu par chaque conseiller à son tour. Puis on chargea un syndic de cette comptabilité ; le conseiller Baron, nommé en 1811, lors de la création de la cour impériale, fut le premier syndic. Il fut remplacé, le 20 novembre 1816, par M. Roustan, ancien conseiller au Présidial, juge élu au tribunal de district en 1790, conseiller à la cour impériale en 1811. — *Journal manuscrit du conseiller Fargeon.* — FAJON, *Juridictions de Nimes.*

(2) Devis de 2.000 francs. 20 septembre 1815. A cette date, cette salle n'a pas été touchée par les travaux du nouveau Palais ; elle est destinée à l'agrandissement des prisons.

(3) Voir *Palais Présidial,* p. 33.

(4) 4 mars 1816. Serment, devant la cour d'appel, du colonel de gendarmerie et du président du tribunal de première instance nommés prévôt et président de la cour prévôtale. — *Journal du conseiller Fargeon,* p. 328.

Puis, c'est la chapelle de l'ancien palais que Charles
Durand répare pour la rendre au culte. Le curé de Saint-
Castor a été l'instigateur de ces travaux. Le conseil général, puis la cour d'appel les ont approuvés. Le président
doyen Noailles a dit : « Jusqu'en 1790 , les magistrats
» avant de s'occuper d'une affaire criminelle entendaient
» la messe. Une si sage institution mérite d'être réta-
» blie » (1). On revient avec zèle aux pratiques religieuses.
Le 5 mars 1817, les réparations étant achevées (2), la
chapelle est solennellement bénie en présence de toutes
les autorités de la ville et de la cour en robes rouges. On
y célèbrera la messe du Saint-Esprit (3) chaque année à
la rentrée, et aussi la messe des assises à la veille des
sessions. Elle servira aux prisonniers (4) « privés des secours de la religion depuis la Révolution », dit le curé de
Saint-Castor, dans son sermon. Les détenus assistent à
la cérémonie, mais dans une partie réservée de la nef.

*
* *

Deux années s'écoulent. La situation financière et politique du pays s'améliore. La cour en profite pour réclamer (5) au conseil général, dans sa seconde réunion de

---

(1) La réflexion paraît tardive si l'on songe que l'honorable président appartenait à la juridiction d'appel depuis son organisation
en 1800, par la Constitution de l'an VIII, soit depuis 17 ans.

(²) **Devis du 8 août 1816.**

(3) La première messe du Saint-Esprit, depuis la Révolution, y
est célébrée le 5 novembre 1817. Le curé de Saint-Castor y officie,
(le Palais est dans sa paroisse), puis assiste à l'audience solennelle de rentrée assis à côté du greffier de la cour.

« A l'issue de la messe, la cour lui a offert du chocolat qui a été
» servi dans la Chambre du conseil de la chambre civile. » *Jour-*
nal du conseiller Fargeon.

(4) On a vu (p. 32, *Palais Présidial*), que la chapelle était à côté
des prisons.

(5) Le *Journal du conseiller Fargeon* mentionne la réclamation
de la cour formulée par délibération du 14 juin 1819. Les magistrats
demandent, outre l'agrandissement de leur local, des tapisseries
pour remédier au trop de sonorité de la salle d'audience, un supplément de mobilier et une horloge. La délibération est communi-

1819, l'agrandissement de la partie du Palais affectée à son service. Si cet agrandissement ne pouvait s'opérer, la cour demande, alors, que le tribunal de première instance soit installé dans un autre édifice, et que ses locaux soient occupés par la cour, seule maitresse désormais du Palais tout entier. Cette réclamation ne fut point accueillie. La juridiction d'appel dut se contenter, pour longtemps encore (1), de son unique salle d'audience et de son incommode chambre du conseil.

* *

L'assemblée départementale était saisie, dans la même session d'avril 1819, d'une autre proposition, dont l'objet parut, très justement, mériter de retenir toute l'attention des pouvoirs publics. Il s'agissait de la reconstruction des prisons et de leur raccordement avec le nouveau Palais. Près de dix années terribles avaient fait oublier dans leurs cartons les plans dressés en 1810 par Charles Durand pour l'achèvement de l'œuvre entreprise sous le Consulat. Rien n'avait été changé aux prisons. C'était encore la geôle du moyen-âge, moins dangereuse pour l'hygiène du Palais dont les principaux services fonctionnaient maintenant du côté de l'Esplanade, mais toujours malsaine et redoutable par les infections qu'elle soufflait sur la ville pendant les chaleurs de l'été, foyer de maladies épidémiques. (2)

Le maire de Nimes est, en 1819, un administrateur éminent, ancien procureur général de la cour impériale, M. Cavalier. Ses opinions libérales, suspectes à un garde

quée au Premier Président, à Paris, pour qu'il intéresse le Garde des sceaux à son succès.

(1) Jusqu'à la construction du Palais actuel, ainsi que nous le verrons.

(2) Rapport de Charles Durand du 16 thermidor an XI.

Les documents concernant la reconstruction des prisons et leur raccordement avec le nouveau Palais sont aux Archives départementales, série N, 5e division, principalement aux nos 2, acquisitions d'immeubles de l'an XIII à 1825 ; 3, reconstructions de 1814 à 1826 ; 4, raccordement de la façade ouest, 1815 à 1825.

des sceaux ultra-royaliste, l'ont fait écarter de la magistrature en 1816 (1), mais le ministère Decazes vient de le mettre à la tête de la municipalité nimoise. M. Cavalier, qui, pendant dix ans de fonctions au parquet général, a pu étudier la question des prisons (2), prend à tâche de la faire résoudre. Un rapport adressé par lui au conseil général, en août 1819, expose les déplorables conditions hygiéniques qu'ont à supporter les détenus, et que l'humanité commande d'améliorer. « Ils ont à souffrir d'une

(1) M. Cavalier, d'abord commissaire du gouvernement impérial près la cour d'appel en 1805, puis procureur général en 1811. Il fut mis d'office à la retraite en janvier 1816 avec le titre de président honoraire, et remplacé par M. de Bernard, ultra-royaliste, avocat général à Grenoble. D'après le *Journal du conseiller Fargeon*, de Bernard avait demandé à Malesherbes d'être admis à l'honneur de défendre avec lui Louis XVI. La cour, très royaliste en 1816, offrit à de Bernard un grand banquet dans la salle du Conseil des assises. « Durand, traiteur, a été chargé du diner et du dessert moyennant 7 fr. 50 par tête. Il a fait **faire** bonne chère et on a été très content. » Page 319 du *Journal de Fargeon*.

L'ancien procureur général, devenu maire de Nimes, fut un des premiers à se préoccuper de l'hygiène d'une ville livrée jusqu'alors aux abjections de la malpropreté. C'est à lui qu'on doit les premières fontaines publiques, par la distribution des eaux de la Fontaine, — le Nymphée est à sept mètres au-dessus de l'Esplanade, — (PIEYRE, *Hist. de Nimes*, t. I, p. 232), et la plantation de pins autour et au-dessus du bassin de la Fontaine (Mont Cavalier). Il figure, à l'*Annuaire du Gard*, comme maire de 1819 à 1824. Il mourut en 1847.

La colline de la Fontaine était devenue un rocher aride et dévasté. Les habitants buvaient l'eau de puits contaminés. Les déjections et le fumier répandus dans la ville semaient les germes infectieux. L'ancienne église Saint-Paul avait ses caveaux encore pleins de cadavres. Les cimetières et les égorgeoirs d'animaux étaient mêlés aux habitations. PIEYRE, *Histoire de Nimes*, t. I, p. 236, 352.

(2) Voir (p. 55, *Tribunaux de la Révolution*) une autre réclamation de Cavalier, en l'an XIII (1805), au sujet des prisons. — Dans sa lettre au préfet du 16 fructidor an XIII, il fait observer, toujours préoccupé d'hygiène, que le Palais, participant à la malpropreté générale, n'a pas de latrines. *Revue du Midi*, 1899, p. 337, ROUVIÈRE, *loc. cit.*

» énorme quantité de moucherons... Les souffrances que
» ces malheureux endurent, tant par la piqûre de ces
» insectes que par l'infection des locaux.... aggravent leur
» détention. Un certificat du docteur de la prison fait crain-
» dre une menaçante épidémie. » La cour d'appel et le
préfet s'associent aux démarches du maire de Nimes et
sollicitent, avec lui, une prompte réfection de la maison
d'arrêt, l'achèvement du plan de travaux d'où résultera
l'intégrale rénovation du quartier du Palais.

Il devient évident, à ce moment, que l'exécution de ce
plan sera impossible, si l'ingénieur n'a pas la faculté
d'élargir la parcelle où est enserrée l'antique geôle par
l'adjonction d'autres terrains. Charles Durand n'ose prétendre à la totalité de l'îlot, que sa conception initiale
englobait, ni même à ce qu'on expropriera plus tard sur
l'Esplanade, en vue du Palais actuel ; mais il insiste pour
qu'on annexe à l'emplacement des prisons condamnées,
le sol de quelques habitations contigües situées au nord.
Leur démolition fournira le supplément de superficie indispensable aux préaux, aux ateliers, au chemin de ronde
de la future maison d'arrêt.

Les plans élaborés par Charles Durand depuis de longues années (1) ont été remis à l'étude par le conseil supérieur des bâtiments civils. Ils sont l'objet d'interminables
discussions. Charles Durand a, cependant, abandonné le
rêve des hautes colonnades (2) qui devaient rappeler, en
face des Arènes, l'illustre basilique de jadis. Ses projets
sont plus prosaïques, mieux appropriés aux nécessités
pratiques de la situation financière. Mais le conseil supérieur, de ses bureaux de Paris, prétend contrôler de très
près les propositions de l'ingénieur départemental, et lui
ordonne des modifications souvent peu raisonnables sur
des points qu'il est impossible de bien apprécier à distance.

(1) *Archives départementales*, 5. N. 3. Plans datant de 1810.
(2) On l'avait surnommé « *Durand colonne* » pour le distinguer
de ses nombreux homonymes nimois, parmi lesquels Simon Durant et le fameux traiteur Durand, plus tard les Germer-Durand.

Charles Durand désespère d'aboutir. Découragé, il se désintéresse de ce qui reste à faire autour de l'ancien Présidial. A ce moment, M. Cavalier, comme maire de Nimes, lui fait entrevoir (1) de méritoires entreprises à diriger pour la ville : des fouilles, des restaurations, des ouvertures de voies publiques, qui ressusciteront, en d'autres parties de la cité, les perspectives abolies du glorieux passé monumental. L'architecte du Palais de l'Empire abandonne son œuvre inachevée. Il va diriger (2), avec sa compétence archéologique reconnue de tous, les travaux de la Maison-Carrée, qu'on veut sauver de la ruine. Il trace l'alignement de la rue Auguste (3), où s'encadrera l'admirable portique du temple gréco-romain.

Il est remplacé, en février 1820, dans ses fonctions d'ingénieur du département, par M. Simon Durant (4), ingé-

---

(1) M. Cavalier était, à l'Académie de Nimes, le confrère de Charles Durand. (*Mémoires de l'Académie de Nimes*, volume 1812 à 1822, 2ᵉ partie, p. 224.)

(2) Comme architecte de la ville, de concert avec Grangent, ingénieur en chef pour l'Etat.

(3) Il projeta, à la suite de cette rue, au nord, sur la pente de la colline, tout un quartier aux formes antiques où les nimois d'aujourd'hui habiteraient des maisons d'autrefois. Au sommet, serait le Capitole, où l'on monterait par de gigantesques séries de degrès.

Charles Durand réalisa une partie de ce rêve par la construction de quelques maisons d'architecture extérieure gréco-romaine, notamment la maison Talabot, rue Ménard, appartenant aujourd'hui à M. Rouvière, et la maison Fargeon, rue Clérisseau, récemment vendue.

Il reste de ce rêve, outre le square avec la statue de l'empereur Antonin, les noms des rues Auguste, Agrippa, Nerva, Trajan, Plotine, Adrien.

(4) Né à Saint-Hippolyte en 1778. Elève de l'Ecole polytechnique. Membre de l'Académie de Nimes, comme Grangent et Charles Durand, avec lesquels il collabora au grand ouvrage descriptif sur les *Monuments antiques du Midi de la France,* paru en 1819. Archéologue et artiste, collectionna des médailles et des tableaux. Parmi ses travaux, outre ceux des prisons, construction de temples et d'églises, plans en 1822 pour l'établissement du Palais de

nieur du cadastre. C'est celui-ci qui sera chargé de faire
exécuter, après quelques années de patience et d'attente,
en les modifiant au gré du conseil supérieur des bâtiments civils et suivant les exigences financières, les plans
de son prédécesseur.

On discute maintenant sur l'importance des acquisitions d'immeubles à faire pour l'extension au nord des
bâtiments en projet, sur le chiffre de la dépense et la part
contributive de l'Etat dans une entreprise qui intéresse
des édifices départementaux (1). Presque à chaque session
du conseil général, en 1821 et en 1822, l'affaire est rapportée, est l'objet d'un échange de vues, mais n'aboutit pas.
Cependant, à la deuxième session de 1823, Simon Durant
expose à l'assemblée départementale que « les murs de
la Maison d'arrêt se lieront, sans difficulté, avec ceux du
Palais, qui, dans cette partie, peut céder des pièces dont
l'état de dépérissement (2) n'exigera aucun sacrifice. » On
vote, en principe, une première somme de 100,000 francs
pour la Maison d'arrêt.

Grâce aux réclamations répétées des autorités judiciaires et administratives, le conseil supérieur des bâtiments
civils renvoie enfin, avec les modificatiens qui ont paru
utiles, les plans dressés par Charles Durand, adoptés par

justice du Vigan dans l'ancien couvent des Capucins. Devint, après
sa retraite, directeur de l'hospice des Quinze-Vingts à Paris, puis
revint à Nimes, où, doyen de l'Académie de Nimes depuis 1850, il
mourut en 1858. (Renseignements fournis par son petit-fils, M. le
commandant Bourdon, ingénieur à Paris ; et *Biographie du Gard*,
par une Société de gens de lettres. Paris, 1829.) *Archives départementales*, 5. N. 23. Les fonctions d'ingénieur du cadastre furent
supprimées après la confection du travail qu'elles avaient pour
objet.

(1) La maison d'arrêt appartient au département, et la partie du
Palais de justice qui lui fait suite sur la façade vers les Arènes
est affectée aux services des assises et du tribunal d'arrondissement, considérés comme services départementaux.

(2) Ce sont les salles de l'ancien Présidial, comme la salle des
pas-perdus, devenue corps de garde en 1815, que les travaux de
Charles Durand, faits surtout vers la façade de l'Esplanade, n'ont
pas englobées dans le nouveau Palais.

son successeur Simon Durant. Ils comportent deux œuvres distinctes, mais associées à l'ensemble général du Palais de Justice : la reconstruction de la Maison d'arrêt élargie, et, sur un même alignement vis-à-vis des Arènes, la réfection de la vieille muraille qui joint l'extrémité de ses parois délabrées (1) au pavillon neuf formant l'angle du Palais vers l'Esplanade.

*
* *

C'est par la Maison d'arrêt que Simon Durant commence. Il fait d'abord acheter cinq habitations voisines (2), contemporaines du Présidial. Leurs murailles établies, au nord, sur l'impasse et la ruelle des Quatre-Jambes (3), au midi, sur la limite des prisons et la rue du Palais, forment toujours le même barrage empêchant la circulation de l'air, le débouché direct du centre de la ville vers le Palais. Il les rase. Il peut ainsi assurer l'ouverture de la rue de l'Aspic, à cet endroit; il étend le périmètre de la Maison d'arrêt jusqu'à l'impasse maintenant fermée où se voient encore les débris historiques de l'homme aux quatre jambes. (4)

L'adjudication des démolitions et des constructions est prise, le 28 février 1825, par l'entrepreneur Argaud, au

---

(1) On a vu, p. 72, que cette muraille, auparavant cachée par des constructions voisines, avait été mise en évidence lors des travaux de la place des Arènes en 1810.

(2) Les actes d'achat sont de 1824 et 1825.

(3) Voir, sur l'ancienne disposition des lieux à ce point, ce que nous en avons dit, *Palais Présidial,* p. 33 et 37.

Le nouvel état des lieux date de la réfection de la maison d'arrêt, de 1824 à 1827. Près de la moitié du sol des maisons fut incorporé au boulevard des Arènes vers le débouché de la rue de l'Aspic.

Voir, aux Annexes, l'indication des maisons achetées. Deux d'entre elles appartenaient à des familles se rattachant au Présidial : maison Fajon, rappelant le lieutenant criminel au Présidial Fajon ; maison Gaujoux, la plus importante, rappelant le greffier Gaujoux, dernier greffier en chef du Présidial. FAJON, *Juridictions.*

(4) Toujours encastrés dans le mur de l'ancienne maison de l'avocat du roi Massip.

prix de 114,000 francs. Ce qui restait des bâtisses de la sénéchaussée autour de la geôle séculaire est jeté bas avec elle. Les travaux de reconstruction se poursuivent jusqu'au printemps de 1827. Pendant leur durée, les détenus sont évacués, et répartis entre les prisons de la citadelle de Nimes (1), les Maisons d'arrêt d'Alais et de Tarascon.

L'édifice que nous voyons aujourd'hui en face de la porte orientale de l'amphithéâtre est tel que le fit bâtir Simon Durant, d'après les plans remaniés de son prédécesseur (2). Au centre et en saillie, un grand et fort bâtiment s'élevant assez pour atteindre en hauteur le sommet du monument romain et ne point être écrasé par son voisinage. On y accède par un perron sous sa voûte massive. Deux ailes symétriques, percées d'étroites baies grillées, l'accompagnent à droite et à gauche. Un chemin de ronde, enclos de murailles, l'isole des propriétés environnantes, facilite l'aération des cellules, des ateliers et des préaux. La porte et la cour communes aux prisons et au Palais, derniers vestiges du lointain passé, disparaissent. (3)

*
* *

(1) Actuellement Maison centrale.

(2) Le devis de Simon Durant, en date du 22 juillet 1824, modifie le plan de 1810, mais conserve ses lignes principales.

Un autre plan, étudié par Charles Durand, pour plus d'économie, permettait de restreindre les achats de maisons. Le Palais et la Maison d'arrêt n'avaient qu'une seule et même façade vers les Arènes. Au milieu, un corps central ; à droite, le pavillon déjà construit à l'angle vers l'Esplanade ; à gauche, un pavillon symétrique vers l'endroit où se trouve l'entrée actuelle de la Maison d'arrêt. L'édifice finissait là. Il n'était pas besoin d'acheter les maisons jusqu'à la ruelle des Quatre-Jambes.

Mais Charles Durand faisait observer que ce pavillon serait absolument écrasé sous la masse des Arènes, et trop petit en même temps pour les services des prisons, insuffisant aux deux points de vue architectural et administratif.

(3) L'ancienne chapelle du Présidial, restaurée en 1817 (voir p. 77), disparait également pour être remplacée par une chapelle de moindres proportions à l'usage des détenus seuls. Aussi, le 17 novembre 1825, la cour va-t-elle à Saint-Castor, avec une escorte

Concurremment, depuis le début de 1826, s'exécutent la réfection de la vieille façade du Palais au couchant, son raccordement avec les constructions neuves qui l'entourent, à présent, des deux côtés. A la session d'août 1825, le conseil général a émis le vœu que l'Etat fournisse les fonds pour ces travaux ; on a fait observer combien il est urgent de mettre en harmonie ces divers bâtiments « dont » les uns ne doivent pas conserver la couleur et la forme » gothique (1), tandis que les autres auraient la fraîcheur » des nouvelles constructions, alors qu'ils sont tous en » face de cet amphithéâtre, qui attire toujours les regards » des amateurs des beaux-arts ». La subvention sollicitée est obtenue. L'entreprise, adjugée le 28 décembre 1825, s'achève au début de 1827 avec celle de la Maison d'arrêt.

Simon Durant, exagérant l'économie, n'avait demandé qu'une quinzaine de mille francs (2). Cette allocation était manifestement trop minime pour une œuvre devant avoir quelque caractère artistique. Aussi la façade qui, en 1827, termina, du côté des Arènes, le Palais commencé sur l'Esplanade en 1805, fut-elle jugée peu digne de l'ensemble monumental auquel elle apppartenait. La façade actuelle en reproduit le dessin général, mais avec des proportions, une décoration et un style moins humbles dans le contraste avec le superbe amphithéâtre.

Sur le milieu, le parcimonieux architecte avait utilisé les toitures (3) du Présidial existant encore à ce point.

d'honneur, entendre la messe du Saint-Esprit. Cette messe fut ensuite célébrée dans la salle des assises. Mais, le 5 novembre 1830, cette salle étant occupée par la session criminelle, la messe fut dite dans la salle du tribunal de première instance. *Journal du conseiller Fargeon.*

(1) Gothique est ici employé pour exprimer l'état ancien et délabré.

(2) Devis du 11 juin 1825.

(3) Elles paraissent exister encore aujourd'hui avec leur irrégularité d'autrefois derrière le fronton de la nouvelle façade du couchant.

On trouve, au 15 octobre 1825, une lettre de M. Fargeon, « con-

Pour les cacher, un pan de mur, couronné d'un entablement en pierre de taille, montait jusqu'à leur pignon, formait un lourd fronton rectangulaire, où s'arrondissait le cadran d'une horloge. Des deux côtés, et au-dessous, s'alignaient les ailes latérales, ouvrant de banales fenêtres dans le crépi des trumeaux nus et plats (1). Seul, l'angle nord, près des prisons, avait reçu quelque ornement pour la symétrie avec l'angle sud où commençait la façade sur l'Esplanade.

Une porte précédée d'un perron (2) remplaça, pour l'accès du Palais, de ce côté du couchant, l'antique entrée du Présidial, que la construction de la Maison d'arrêt venait de supprimer. Ce fut le passage préféré des vieillards qui avaient plaidé ou jugé aux audiences du dernier sénéchal (3). Elle leur rappelait l'entrée familière, voisine, d'autrefois, maintenant à jamais disparue. La porte du couchant fut encore maintenue lors de l'édification du Palais actuel, mais elle demeura bientôt fermée, comme l'organe survivant d'une fonction abolie. Personne n'y

seiller syndic de la cour royale ayant le dévolu », à M. le Préfet du Gard, signalant leur mauvais état, les infiltrations qui s'y produisent les jours de pluie.

(1) On remarque, dans une délibération de la cour, en date du 5 avril 1832, Registre n° 5 des délibérations, la critique de cette façade : « On doit regretter que la façade du couchant, par ses » petites fenêtres, ses grands trumeaux, son toit inégal, et l'hor-» loge si mesquine qui la surmonte, ne réponde en rien à l'empla-» cement où elle se trouve et à l'édifice auquel elle appartient. »
Le devis du 11 juin 1825, de Simon Durant, dit : « Un pan de mur » sera construit qui cachera le pignon et la couverture de la salle » du tribunal de première instance, dont la vue est d'un mauvais » effet. »
L'horloge demandée au Conseil général, en août 1826, était évaluée 2.751 francs.

(2) D'après le devis du 11 juin 1825, ce perron avait 1m, 60 de largeur et 3m, 20 de hauteur.

(3) Le dernier sénéchal fut M. de Monteynard, marquis de Montfrin. A l'époque de la suppression du Présidial, en 1790, le sénéchal était comme le premier président de la cour présidiale. — FAJON, *Juridictions supérieures de Nîmes,*

passe plus (1). Les générations contemporaines ignorent les souvenirs qui s'y rattachent.

*
* *

Du Palais de l'Empire, elles ne savent rien non plus, car il va disparaître après une très courte durée. Il en reste cependant une infime partie que l'on retrouve encore entre le pavillon sud de la Maison d'arrêt et le pilastre nord de la façade occidentale du Palais actuel. Il y a là un vieux pan de mur toujours maculé d'affiches, aux fenêtres délabrées et invariablement closes, contrastant péniblement par son aspect d'abandon et de misère avec les formes architecturales qui lui font suite vers l'Esplanade.

C'est un trumeau de la façade terminée en 1827, derrière lequel s'étendent des couloirs et des salles de la Maison d'arrêt. Le Palais actuel, agrandi vers la rue Régale, céda à la prison, devenue trop exiguë, une fraction des constructions qu'il remplaçait. Ce tronçon, exclu du nouvel édifice judiciaire et séparé du bâtiment des prisons, demeura, ainsi, entre deux monuments auxquels ne le reliait aucun rapport harmonique.

On remarquera, à son angle nord, un pilastre, d'ordre dorique, souvenir du style général adopté pour le Palais de l'Empire par son architecte. Mais rien, dans cet obscur fragment, ne saurait exprimer le véritable mérite de Charles Durand. Le noble effort de l'artiste vers la beauté antique s'était affirmé surtout au péristyle de ce qu'on avait appelé son *Temple de la Justice*. C'est là qu'avec de faibles ressources, au lendemain de la Révolution, il avait tenté de réaliser son rêve gréco-romain. Un peu de gloire lui en était venue. L'étranger allant visiter les Arènes ne dédaignait pas de s'arrêter, un instant, devant le fronton sculpté de la Thémis allégorique.

Un jour de sa vieillesse, le bruit arriva jusqu'à Charles

---

(1) On ne l'ouvre que les jours d'assises ou de grandes courses de taureaux pour le service du corps de garde placé dans les salles basses du Palais à cet endroit.

Durand que sa création la plus chère était menacée, que, comme il l'avait autrefois pressenti, un plus vaste palais était devenu nécessaire. Sortant aussitôt de sa retraite, il lutta désespérément pour sauver son œuvre. Sa défense fut vaine ; et ce monument, qu'avec le préfet de l'Empire, il aurait voulu bâtir pour les siècles, était détruit, ayant à peine duré trente ans. L'architecte ne put lui survivre. Il mourut en 1840, à l'heure même où les démolisseurs abattaient les colonnes de son portique. (1)

(1) MICHEL NICOLAS, *Histoire des artistes du Gard*, p. 177. — EYSSETTE, *Notice académique*.

LE PALAIS ACTUEL

I. — ÉDIFICATION

L'architecte Gaston Bourdon. — Nécessité d'agrandir le Palais.
— Projet de reconstruction et d'extension jusqu'à la rue
Régale. — Avis favorable de la Cour d'appel en 1835. —
Pose de la première pierre en 1838. — Façades sur l'Esplanade
et les Arènes de 1840 à 1845. — Embellissements des abords
du Palais : Avenue de la gare ; Fontaine de Pradier ; élargissement de la rue Régale. — Difficultés pour le règlement des
travaux. — Insuffisance du Palais.

Le 18 juin 1828, un arrêté du Ministre de l'Intérieur
nommait architecte du département du Gard un jeune et
brillant ingénieur, ancien élève de l'Ecole des Beaux-
Arts, Gaston Bourdon (1). C'était le gendre de l'architecte (2), qui, après la retraite de Charles Durand, venait
d'achever, par les prisons et la façade du couchant, la
rénovation des bâtiments séculaires de la sénéchaussée.

Dès son entrée en fonctions, Gaston Bourdon put constater les dimensions insuffisantes du Palais de justice.
On se souvient que cette insuffisance avait déjà soulevé
de nombreuses réclamations, surtout au lendemain de
l'installation des trois chambres de la cour impériale, en
1811. L'édifice avait été commencé, en 1805, à une époque où la juridiction d'appel se composait d'une chambre
unique, avec des ressources trop minimes et en des propor-

(1) *Archives départementales*, 5. N. 23.
(2) Cet architecte, Simon Durant, se retira après avoir obtenu
d'être remplacé par Gaston Bourdon qui devenait son gendre.
Bourdon, à sa sortie de l'Ecole des Beaux-Arts, avait été nommé
architecte du département de la Lozère, en résidence à Mende. —
Voir aux Annexes la notice biographique de Bourdon.

tions trop restreintes imposées à l'auteur de ses plans (1). Le tribunal de commerce n'avait pu encore y obtenir un auditoire, et continuait à siéger provisoirement en des locaux successifs (2). L'unique salle d'audience affectée à la cour ne pouvait suffire aux deux chambres civiles. L'une d'elles était obligée de tenir séance dans la salle des assises, mal disposée pour ce service et qu'il fallait abandonner à chaque session du jury criminel. Les plaintes des magistrats se reproduisaient (3) constamment. L'idée d'une réfection nouvelle du Palais de justice se préparait peu à peu.

*
* *

De graves évènements à l'extérieur et à l'intérieur du royaume ne permettaient point, toutefois, à cette idée, de s'imposer à l'attention du gouvernement. La guerre de l'indépendance grecque s'achevait. Mais l'expédition d'Alger remettait en action les forces du pays (4). Des élections générales agitaient en même temps la France entière. Une majorité libérale hostile au ministère Polignac était élue. La Révolution de Juillet 1830 faisait monter Louis-Philippe sur le trône. C'étaient, ensuite, en 1831, les insurrections de Paris et de la province, en 1832, le choléra ravageant la France.

Il faut attendre 1833, pour soumettre au conseil général du Gard des propositions relatives à l'agrandissement du Palais. C'est, en réalité, une reconstruction totale que

(1) Voir ce qui a été dit à cet égard, *Palais de l'Empire*, p. 59, 60.

(2) On le trouve, en 1837, dans les bâtiments de l'Hôpital général ; en 1845, dans une annexe de la mairie, local pour lequel le département paye 850 francs de loyer. (Procès-verbaux du Conseil général. Rapport du Préfet, 1837, 1845.)

(3) *Journal manuscrit du conseiller Fargeon*, 5 décembre 1830.

(4) Le 1er juin 1830, la Cour assiste, dans la cathédrale Saint-Castor, aux prières pour le succès des armes du roy contre le dey d'Alger. L'évêque profite de la circonstance pour parler des élections, ce dont il est généralement blâmé. (*Journal du conseiller Fargeon.*)

l'on prémédite, mais, suivant le procédé administratif bien connu, on amorce l'affaire avec des prévisions de dépenses très réduites. Le rapport du préfet ne demande que 36,000 francs au département, 16,000 francs à la ville de Nimes ; le reste de la dépense dont le montant s'élèvera, d'après le premier devis, à 246,000 francs, sera à la charge de l'Etat. (1)

Bourdon a dessiné des plans : les travaux à l'étude permettront de recevoir, enfin, dans l'édifice judiciaire, le tribunal de commerce, donneront à la cour d'appel une seconde salle d'audience (2), doubleront les proportions des locaux occupés par les divers services. Pour réaliser les agrandissements, l'architecte prévoit l'achat de deux immeubles à l'est du Palais. Bourdon revient, en partie, aux vastes conceptions des projets primitifs de Charles Durand. A son tour, il a été saisi par les souvenirs de l'antique basilique ; et au moment d'édifier une œuvre sur cet emplacement, il la rêve, lui aussi, digne du glorieux passé architectural. Il veut donner à la façade de son monument la totale largeur de l'îlot entre le boulevard des Arènes et la rue Régale.

A l'angle de cette rue et de l'Esplanade, à côté des formes élégantes du portique gréco-romain, les messageries Galline (3) étalent la laideur de leurs écuries et de leurs remises. Derrière, au nord, sur la rue Régale, est la maison du cordonnier Henry. Ces constructions seront démolies ; le futur Palais prendra possession de leur sol, y prolongera ses ailes.

Les plans de Bourdon eurent à subir l'épreuve redoutable de l'examen par le conseil des bâtiments civils. De

(1) Procès-verbaux du Conseil général du Gard, année 1833.

(2) On prévoit même une salle pour une quatrième chambre que l'on fait espérer à la Cour, sans que cette espérance ait jamais été réalisée.

(3) Leur terrain avait été acheté par le citoyen Loyson à la commune, lors de l'aliénation du sol des remparts, suivant acte du 30 octobre 1792. — Voir aux Annexes le sommaire indicatif des achats de propriétés pour le Palais et les prisons.

longs débats s'engagèrent entre les membres de cette assemblée. Un parti s'y était formé qui tenait pour la façade de Charles Durand et en imposait le maintien. Le vieil architecte, alors âgé de plus de 70 ans, en présence des projets qui menaçaient son portique, avait retrouvé, pour le défendre, toute l'énergie de la jeunesse. A Paris et à Nimes, au conseil des bâtiments civils, au préfet, aux magistrats, il présentait des mémoires, demandant des enquêtes, sollicitant l'avis des artistes. Sur ses instances, le conseil des bâtiments civils fut sur le point d'adopter un projet qui agrandissait le Palais sans toucher aux ouvrages de 1809, par la construction de larges annexes soit à l'angle de la rue Régale, soit au-dessus de la façade du couchant qu'on aurait surélevée. On faisait ressortir « les dépenses incalculables, le gaspillage qu'entraînerait la réédification intégrale d'un monument aussi important et presque neuf. » (1)

*
* *

La cour d'appel fut consultée, en avril 1835. Il y avait, parmi les magistrats, plusieurs confrères de Charles Durand à l'Académie de Nimes, qui appréciaient fort le talent déployé autrefois par l'architecte (2). Mais leurs sympa-

---

(1) Sur les divers projets débattus, à cette époque, voir *Archives départementales*, 5. N. 5. liasse 1. Rapport de M. Rohault au conseil des bâtiments civils. A un certain moment, le conseil est d'avis que la façade est trop récente pour être démolie. — Un plan montre la façade dorique de Charles Durand avec ses pavillons, et, à droite, à l'angle de la rue Régale, un énorme et massif bâtiment au soubassement en pierres taillées à pointes de diamant où seraient les nouvelles salles du Palais. — Un mémoire de Charles Durand proteste contre le projet « d'un artiste, jeune encore, qui, jaloux de se faire un nom, profite de l'influence que lui donne son titre d'architecte du département pour proposer la destruction de toute la façade d'un monument que j'ose dire remarquable ». Ailleurs Charles Durand demande la réunion d'une commission d'ingénieurs, d'architectes et d'artistes, qui déciderait si on ne peut pas conserver cette façade « qui a attiré l'attention des connaisseurs ».

(2) Parmi les magistrats académiciens de cette époque, le président honoraire, ancien procureur général Cavalier, les conseillers

thies ne troublèrent point l'impartialité de leurs avis. La cour décida, avec raison, que les dispositions générales du nouveau Palais ne devaient pas être subordonnées à la conservation de la façade de 1809. Quel que fût le mérite artistique de cet ouvrage, il devait disparaître pour faciliter l'exécution d'un ensemble architectural plus ample, mieux approprié au développement des services judiciaires (1). Sur le rapport d'une commission nommée à cet effet (2), la cour formula son adhésion au projet de Bourdon, « quel que fût l'excédent de la dépense ».

« En étendant le Palais jusqu'à la rue Régale, dit le
» rapport, et en le reconstruisant sur un plus grand style,
» il donne à cet édifice l'importance que les vœux de tous
» désiraient pour lui. Il l'isole entièrement et le place,
» ainsi qu'il doit être, pour orner convenablement la belle
» partie du boulevard où il se trouve.

» Le bel escalier qui se présente majestueusement en
» face de la porte principale et qui conduit si dignement
» aux salles d'en haut devra avoir deux volées latérales
» complètes.... Les salles d'audience ne seront plus éclai-
» rées par le haut. »

Teulon et de Labaume, le juge d'instruction Maurin, père de notre ami et confrère actuel.

(1) Le manuscrit du conseiller Fargeon indique, à la date du 24 mars 1831, que les causes civiles sont montées de 800 à 1.000. La statistique de 1832 donne 1.392 affaires civiles à juger, dont 308 seulement sont l'objet, dans l'année, d'arrêts contradictoires. L'arriéré est considérable. En 1834, 746 affaires civiles ont plus de trois mois d'inscription au rôle. Il y a, pour cette année, 1316 affaires civiles.

(2) Cette commission était composée de MM. président de Trinquelague, conseillers Fajon, Lapierre, de Labaume et Roussellier, et du procureur général. Son rapport est annexé au 6ᵉ volume des délibérations de la cour, année 1835. Il rend hommage à Charles Durand : « S'il est à regretter que le Palais ait été reconnu insuffi-
» sant aussitôt qu'achevé, la faute ne peut être imputée à M. Char-
» les Durand, son architecte distingué. Il avait compris, mieux que
» personne, que son importance exigeait d'autres bases.... malheu-
» reusement ses avis ne furent pas suivis. ... » (Voir *Palais de l'Empire*, p. 59.)

La cour recommande d'assurer une parfaite symétrie aux deux pavillons à reconstruire : celui du tribunal de première instance et celui de la juridiction d'appel. Elle regrette, comme on le regrette encore aujourd'hui, que la façade principale et celle de la rue Régale ne se raccordent pas régulièrement et qu'un enfoncement disgracieux doive exister à leur point de jonction. Elle prévoit que « la salle du conseil qui servira de grande salle des assemblées générales deviendra forcément un passage (1), étant entre les diverses dépendances du Palais ».

*
* *

L'appui que, malgré quelques critiques, la cour d'appel accordait aux projets de Bourdon, fit tomber les dernières résistances qui retardaient leur approbation administrative. En septembre 1835, l'architecte put établir un devis (2) détaillé et définitif pour la maçonnerie et la charpente des travaux d'agrandissement. Les parties essentielles du devis comprennent la réfection de la façade sur l'Esplanade pour son extension jusqu'à la rue Régale, la construction d'une façade sur cette rue, de nouveaux bâtiments, destinés au tribunal de commerce en un étage, et à la cour d'appel sur les terrains devant élargir le périmètre de l'édifice judiciaire.

Si l'auteur du Palais qui allait disparaître n'avait pas eu, à ce moment, pour l'œuvre de sa jeunesse, une trop exclusive affection de vieillard, il aurait salué, comme une triomphale résurrection de cette œuvre, le monument proposé par Bourdon. La façade projetée sur l'Esplanade reproduisait, en effet, dans son ensemble, la création de Charles Durand, dressait, elle aussi, son por-

______

(1) Ces prévisions se sont exactement réalisées en ce qui concerne cette salle située au pavillon droit du Palais, à côté de la loge du concierge de la cour. On la traverse à chaque instant pour pénétrer dans les autres salles de la cour d'appel.

(2) Les pièces relatives à l'œuvre de Bourdon se trouvent aux *Archives départementales*, série N, 5ᵉ division, Immeubles départementaux, principalement aux dossiers nᵒˢ 5, 12, 22, 31 à 34.

tique gréco-romain, sa colonnade, ses péristyles, semblait n'être que la reprise de l'effort commencé par l'architecte du Consulat vers l'idéal antique. Les pierres, même des sculptures, des fragments entiers du Palais de l'Empire, un instant désassemblés, reprendraient leur place aux murs et aux voûtes du futur Palais, en des lignes presque inchangées.

Le devis du 14 septembre 1835 amplifie les proportions du portique central, assigne aux bases des colonnes, « fatiguées par la charge », de fortes pierres de Roquemaillère, « de l'espèce dont on fait les meules de moulins », développe les dimensions des pavillons et de leurs terrasses ; mais repose, en les ajustant, les cinq rosaces de l'ancien péristyle auxquelles il en ajoute simplement une sixième (1). Les deux statues, qui, sur des piédestaux, ornent les paliers extérieurs dominant le perron, continueront, après restauration (2), à symboliser la Vigilance et la Prudence. Les pierres de taille et les bards de Beaucaire, les pavés de Barbentane provenant des démolitions seront retaillés, retravaillés, replacés pour les mêmes usages. Le devis ne s'occupe point de la façade du couchant ni de la cour d'assises, ne mentionnant, pour ces dépendances du Palais, que « le remaniement des couverts ». On continue à procéder comme « par petits paquets », par réfections partielles et progressives. Les architectures de l'édifice judiciaire nimois ne connaîtront jamais les révolutions radicales qui détruisent tout avant de reconstruire.

*
* *

Les formalités administratives prennent de longs mois, les filières hiérarchiques retardent, jusqu'au 24 août 1836,

____

(1) Evaluée 45 francs. La repose et l'ajustement des cinq rosaces anciennes, évalués 60 francs.

(2) La restauration est évaluée 300 francs. Ces statues ont été restaurées, à nouveau, plusieurs fois depuis, notamment il y a trois années, le coq de la Vigilance ayant perdu la tête, et la lampe symbolique s'étant cassée. Voir, sur ces statues, *Palais de l'Empire*, p. 69.

l'ordonnance royale déclarant les travaux d'utilité publique. On achète alors la maison du cordonnier Henry (1); et les messageries Galline refusant de vendre leur terrain au coin de la rue Régale et de l'Esplanade, on va les exproprier. La procédure, les démarches se prolongent (2) pendant toute l'année 1837.

Au début de 1838, l'Etat est enfin propriétaire, moyennant une indemnité de 100.000 francs, de cet angle de la rue Régale, où s'appuyait, au rempart d'autrefois, l'extrémité de la plateforme armée de la Couronne. Les travaux du Palais commencent en Mai. Ils ont été adjugés à l'entrepreneur Joseph Estève (3). Ils ne changent rien au fonctionnement normal des services judiciaires. Les magistrats siègent, comme d'habitude, dans leurs salles d'audience. C'est dans les terrains récemment acquis, du côté de la rue Régale, que sont organisés les chantiers.

*
* *

La première pierre de la façade sur cette rue est posée,

(1) 30 septembre 1836, au prix de 15.998 francs. L'acquisition est faite pour le compte de l'Etat, de qui dépend le service de la cour d'appel, par le préfet. Voir aux annexes.

(2) *Archives départementales*, 5. N. 5. L'arrêté de cessibilité du préfet, en date du 14 septembre 1837, porte, parmi ses considérants, « que l'agrandissement du Palais de Justice de Nimes est de toute nécessité et projeté depuis longtemps pour assurer le service des divers tribunaux qui y siègent ou qui doivent y siéger..... »

L'entreprise Galline avait sa maison principale à Lyon. Elle demandait 131.000 francs, alléguant qu'elle ne pourrait trouver un autre emplacement aussi favorable que celui du coin de la rue Régale, devant lequel passait la grande route de Lyon à Béziers. L'expert de l'administration offrait 62.000 francs. Le jury alloua 100.425 francs. L'expropriation eut lieu au profit de l'Etat. L'énorme dépense qui en résultait était une des conséquences de l'aliénation de l'emplacement des remparts en 1792. Voir *Tribunaux de la Révolution*, p. 48, 49 et aux Annexes.

(3) Voir, aux *Archives départementales*, 5. N. 31, le relevé du registre d'attachement des travaux pour l'agrandissement du Palais de Justice de Nimes, par Joseph Estève, entrepreneur, du 22 mai 1838 au 28 mai 1842.

le 12 septembre 1838, par le préfet de Jessaint (1). Dans cette pierre est scellée une boîte contenant, parmi d'autres pièces, la médaille frappée en mémoire du serment constitutionnel de Louis-Philippe. Une inscription, gravée au-dessous de l'attique (2), rappellera cette cérémonie à laquelle assistèrent les magistrats et, avec les principales autorités, l'architecte du département.

Les travaux vont se continuer avec régularité quoique avec lenteur pendant huit années. Des sommes seront annuellement inscrites au budget de l'Etat, grossissant peu à peu le chiffre des dépenses indiqué au devis primitif. C'est l'époque où la monarchie de Juillet poursuit en paix son règne ; période de prospérité pour Nimes, qui voit progresser ses manufactures, se créer des voies ferrées, s'élever, en même temps que le Palais de Justice, d'autres édifices publics, pour sa beauté.

Les chantiers de l'église romane de Saint-Paul s'ouvrent, cette même année 1838, sous la direction de l'architecte Questel. Le préfet de Jessaint inaugurera l'année suivante le chemin de fer de Nimes à Beaucaire. Il posera, en 1842, la première pierre du viaduc pour le chemin de fer de Nimes à Montpellier. Le Languedoc va être relié à la Provence par ce railway.

La façade de la rue Régale achevée, Bourdon attaque l'ouvrage capital du Palais : la façade gréco-romaine de l'Esplanade. C'était la conception de Charles Durand amplifiée, de proportions presque doublées (3), érigée entre deux voies publiques, telle qu'elle avait été rêvée d'abord, par l'architecte du Consulat. Le style corinthien substitué au dorique (4) ornait de plus riches sculptures le

---

(1) Voir, aux Annexes, un extrait du *Courrier du Gard* du 14 septembre 1838, relatant cette cérémonie.

(2) Nous en donnerons le texte dans la description du Palais.

(3) D'après des notes et croquis aux *Archives départementales*, 5. N. 3 et 12, la façade de Charles Durand avait une largeur d'environ 44 mètres, celle de Bourdon en a 72.

(4) Pour le portique seulement.

galbe de la colonnade et les frises des corniches. Le pavillon de droite toujours affecté à la grande salle des délibérations de la cour d'appel était reporté vers l'angle de
la rue Régale, sur le terrain des messageries Galline.
Le portique de Charles Durand fut abattu en novembre
1840.

Un immense échafaudage (1) est dressé pour l'édification du nouveau portique. Les blocs énormes des entable-
ments, du fronton, des chapiteaux exigent la commande
d'un treuil spécial et d'un câble exceptionnel. Des clôtures
entourent le chantier, encombrent le trottoir du boulevard pendant plusieurs années En 1842, cet encombre-
ment soulève des plaintes générales. On demande à la
mairie d'intervenir et d'obliger l'entrepreneur à ne pas
gêner plus longtemps la circulation.

Des devis supplémentaires révèlent que les prix des
fournitures de maçonnerie et de la main d'œuvre ont augmenté, à cause des importants travaux publics qui s'exécutent, concurremment, au Palais, à l'église Saint-Paul, au
viaduc de la gare du chemin de fer. En outre, d'anciens
matériaux que l'on espérait employer sont reconnus inuti-
lisables : tels, « les piédestaux pour placer les figures qui
» décoraient l'ancienne façade », et « la cinquième des
» rosaces au petit ordre du porche, qui est en pièces et
» n'a pu être reposée ». Le devis supplémentaire du 1ᵉʳ
septembre 1842 atteint, à lui seul, près de 100.000 fr. (2)

*
* *

(1) En septembre 1842, un nouvel entrepreneur ayant été adjudicataire de la suite des travaux, le cahier des charges lui impose
de prendre à son compte, à un prix à déterminer par experts, avec
les approvisionnements de son prédécesseur Estève, « le grand
» échafaudage de la façade sur l'Esplanade, le treuil et le grand
» câble. »

(2) Il prévoit notamment :

21 rosaces pour la voûte du porche, à 25 fr. .... 1.050 fr.

2 motifs du centre.. ... 1.800 »

4 chapiteaux de pilastres, à 330 fr. .... 1.320 »

Epannelage des chapiteaux des colonnes du porche, à
250 fr. pièce... 1.500 »

1 portrait en pied du roi en pierre de Lens.............. 1.900 »

On arrive, en 1842, à la façade vers les Arènes. Le plan de Bourdon pour cet ouvrage est venu à son heure. Il a été adopté par le conseil des bâtiments civils sur un rapport spécial de M. Caristie (1), inspecteur général. Le département, en vue de cette partie des travaux, a augmenté sa contribution pécuniaire. La façade du couchant intéresse le côté du Palais plus particulièrement affecté au tribunal civil et aux assises dont les dépenses incombent au budget départemental.

Le conseil municipal de Nimes, sous la présidence de M. Girard, son maire, a voté (2) également une plus ample participation aux frais de cette façade, pour qu'elle soit « plus étendue et plus ornée ». La ville contribue d'ailleurs sans trop de difficultés aux dépenses, car le superbe Palais qui se prépare embellira son Esplanade et lui assurera mieux la conservation de sa cour d'appel. (3)

Quelquefois les crédits supplémentaires qu'il faut obtenir de l'Etat se font attendre ; et alors, les travaux s'interrompent. Le tribunal de première instance souffre de ces retards, car son auditoire habituel est livré aux maçons, et il doit s'improviser des audiences en des locaux instables. La salle des assises où il s'est abrité lui est enlevée par les sessions trimestrielles. Aussi, dans sa délibération du 24 mai 1842, demande-t-il qu'on hâte les travaux et rappelle-t-il que « le seul local où il puisse se réfugier est situé au second, sous le toit, ce qui le rend inhabitable pendant les chaleurs ». Ces doléances du tribunal n'émurent personne. L'année 1843 s'écoula sans faire avancer beaucoup les constructions.

---

(1) *Archives départementales*, 5. N. 33. 27 février 1840. M. Caristie fut le promoteur de la restauration du théâtre antique d'Orange.

(2) 15 août 1840.

(3) On trouve au rapport du Préfet au Conseil général, en août 1850 : « La ville de Nimes, dans le but de favoriser les constructions qui devaient l'embellir et *de conserver la cour d'appel dans son sein*, vota deux subventions, pour l'exécution des travaux, montant ensemble à 28.000 francs. » Montpellier et Aix ont toujours menacé Nimes de lui enlever sa juridiction supérieure.

En juin 1844, les ouvriers travaillent encore à la façade sur les Arènes ; ils démolissent, à son extrémité nord, pour les reconstruire, suivant le nouveau plan, les anciens étages occupés par les divers services de l'administration judiciaire. Ils touchent à la Maison d'arrêt. Le Palais élargi, vers la rue Régale, a abandonné à la prison, vers les Arènes, une fraction de l'édifice remplacé (1). Un incident se produit. Les démolisseurs éventrent le mur séparatif, mettent à jour la salle qui sert d'infirmerie au quartier des femmes détenues. Le gardien chef proteste auprès du préfet, et réclame un factionnaire (2) pour garder la brèche faite à sa prison. La brèche est réparée. Bourdon fait promptement achever le pilastre, qui à cet endroit termine son œuvre et la sépare du tronçon de façade ancienne, désormais distinct.

*
* *

Les travaux de la cour d'assises prennent l'année 1845. Leurs parties principales sont prévues dans un devis du 1er janvier 1845 s'élevant à environ 23,000 francs. La salle qui remplace l'ébauche de basilique tentée par Charles Durand sera vaste, mais sa décoration trop économique : les ornements sont en plâtre ; on peint des rosaces (3) à la voûte au lieu d'en sculpter ; et les quatre sujets décorant les pendentifs ne devront pas coûter plus de 300 francs pièce.

La réfection de la cour d'assises oblige à enlever d'une salle dépendant de cette juridiction plus de 5,000 kilogrammes d'archives (4) qui s'y trouvaient entassées. Il y

(1) Voir *Palais de l'Empire*, p. 87.

(2) Sur l'ordre du Préfet, le colonel du 12° de ligne donne le factionnaire, mais il exige une guérite, « le temps n'étant pas tenable ». On est en plein été, le soleil couchant brûle à cet endroit. Les soldats d'alors le craignent tout comme ceux d'aujourd'hui. *Archives départementales*, 5. N. 22.

(3) Peinture de 30 rosaces sur toile au plafond, à 12 francs, soit 360 francs.

(4) Lettre du greffier en chef Bruyère en date du 17 juillet 1844.

avait là, avec l'énorme amas de procédures présidiales, de nombreux dossiers de la période révolutionnaire. Sous l'Empire, en 1812, on avait fait murer la porte de cette sorte de caveau où tombaient lentement en poussière les restes scripturaires du passé. On exhuma ces papiers cadavériques, et on transporta les plus anciens dans un autre caveau : une salle basse et voûtée au rez-de-chaussée de la façade neuve sur la rue Régale.

Les caves voisines reçurent en dépôt des inscriptions et des débris de marbre que cet immémorial emplacement des Palais, depuis tant de siècles fatigué par les fouilles, avait encore livrés, aux tranchées des récentes fondations (1). Un cippe antique fut toutefois laissé dans l'étroit préau où quelques feuillages sont la survivance du jardin des sénéchaux de jadis ; on l'y voyait encore en 1879. (2)

*
* *

Vers la fin de 1845, le préfet peut faire constater au conseil général que le Palais de Justice est sur le point d'être terminé. La cour d'appel et le tribunal de première instance sont installés. Le local du tribunal de commerce est prêt à être livré. La salle des assises ne tardera pas à l'être aussi. Le ministre des travaux publics, Dumont, passe à Nimes, le 3 octobre 1845. Il visite l'œuvre de Bourdon et lui exprime sa satisfaction.

Les alentours du Palais s'embellissent, font au monu-

(1) Le concierge Domergue, mort récemment, après environ 35 ans d'exercice de son emploi, m'a affirmé qu'à son entrée au Palais, vers 1865, il avait encore vu, dans les caves, d'assez nombreux fragments. Ils étaient rangés près de l'ouverture d'un puits très profond qu'on lui avait dit être un puits romain, et qui n'est plus utilisé depuis que les eaux du Rhône sont distribuées à Nimes. Je n'ai pu savoir ce qu'étaient devenus ces fragments, dont la disparition n'était pas expliquée par le vieux concierge.

(2) Le cippe est mentionné à cette date, et son inscription est rapportée dans l'ouvrage d'ALBIN MICHEL, *Nimes et ses rues*, t. II, p. 294, v° *Rue Régale*.

Ce qui reste du jardin du Palais est à côté de la salle du conseil de la cour d'assises.

ment un cadre digne de lui. Sous l'administration de M. Girard, maire de Nimes, et pair de France, une magnifique avenue vient d'être créée, reliant la gare du chemin de fer de Montpellier, qui s'inaugure, à l'Esplanade transformée. Des balustrades, des trottoirs entourent maintenant l'immense place ; un éclairage nouveau, le gaz, l'illumine, la nuit ; des arbres y sont plantés, décrivant des courbes gracieuses ; un concours a été ouvert pour l'orner d'une fontaine aux marbres grecs (1). Le sculpteur Pradier va faire étinceler au soleil la divine Nemausa.

La rue Régale, étroite et tortueuse comme la rue qui, autrefois, au couchant, séparait le Présidial des Arènes, devient une voie spacieuse et régulière ; sa largeur est portée à près de huit mètres. La récente façade de la cour d'appel qui la borde est ainsi mieux en lumière et en valeur. Bourdon y construit, non loin de son Palais, des maisons modernes d'un style élégant. (2)

Les derniers travaux du Palais s'achèvent vers le mois de juillet 1846. C'est à cette date que l'auditoire neuf de la 3ᵉ chambre de la cour d'appel reçoit les deux vastes toiles du peintre Boucoiran qui sont encadrées à ses murs.

*
* *

La liquidation des dépenses engagées pour le Palais de Justice pendant les huit années de sa construction fut longue et difficile, fit surgir des procès (3). Le solde des

---

(1) Au jury pour le concours figurent Bourdon et Henri Durand, fils de l'architecte du Palais de l'Empire. On adopta le projet de Questel, l'architecte de Saint-Paul. L'inauguration de la Fontaine de Pradier eut lieu en 1851. L'entrepreneur Ginestoux, chargé des travaux, était l'entrepreneur du Palais en 1845.

Revue du Midi. 1899, p. 432. A. PIEYRE, *La Fontaine de Pradier.*

(2) Les maisons portant actuellement les nᵒˢ 11 (angle de la rue des Chapeliers, magasin Chalmeton, bottier, au rez-de-chaussée) et 13. — Bourdon fut aussi l'architecte de la superbe maison à l'angle ouest de l'avenue Feuchères et de l'Esplanade, en face le Palais (maison Bézard).

(3) L'un de ces procès, engagé par l'entrepreneur Ginestoux, ne se termina qu'en 1856 devant le Conseil d'Etat.

crédits nécessaires à leur acquittement ne fut voté que
par une loi du 22 juin 1850. La Monarchie de Juillet avait
disparu depuis février 1848. C'était la République qui
payait les dettes. L'ironie des choses voulut que parmi
ces dettes fut celle contractée autrefois pour « le trans-
port d'un portrait du roi déchu, dit le mémoire (1), dans
la grande salle du conseil de la cour ». Il y avait déjà
longtemps que Louis-Philippe avait quitté la France, et
son portrait, la chambre du conseil, enlevés tous deux par
la Révolution.

Les prévisions des devis primitifs furent dépassées dans
d'énormes proportions : au lieu des 246.000 francs indi-
qués aux plans de 1833, on avait dépensé 766.979 fr. (2),
dont 90.000 à la charge du département, 28.000 à la charge
de la commune, et près de 650.000 au compte de l'Etat.
Dans une lettre au Préfet, du 27 août 1849, le beau-père
de Bourdon, signant pour son gendre, dont on sait qu'il
avait été le prédécesseur immédiat, expliqua, en excusant
l'architecte, quelques-unes des causes des suppléments
de dépenses : « La reconstruction entière, sur nouveau
» plan, de la façade vers les Arènes ; des combinaisons
» plus coûteuses pour la cour d'assises ; des aménage-
» ments intérieurs, tels que ceux des calorifères. Dans
» une entreprise aussi vaste, il était difficile de tout pré-
» voir. Mon gendre n'a fait que se conformer aux instruc-
» tions données. »

Pendant la durée et au milieu des soucis de cette liquidation, Gaston Bourdon, inquiété, surmené, atteint de
fièvre cérébrale, avait dû abandonner ses fonctions d'architecte du Palais. Le labeur sans trève qu'il avait fourni

(1) *Archives départementales*, 5. N. 32. Mémoires justificatifs des
dépenses.

(2) Rapport du Préfet au Conseil général en août 1850. *Archives
départementales*, 5. N. 32.

Les principaux entrepreneurs du Palais furent, outre Estève et
ensuite Ginestoux, pour les maçonneries, L'Evesque pour la peinture, Fasquelle pour la menuiserie, Maurin pour la serrurerie,
Bardon pour la miroiterie.

pour l'entreprise capitale de sa carrière, avait dépassé ses forces, usé prématurément son cerveau. Ainsi, en moins de dix ans, un même attachement, trop passionné, à leurs créations d'art, avait été fatal aux deux architectes du Palais de Justice nimois : en 1840, Charles Durand n'avait pu survivre au renversement de son œuvre ; en 1849, Gaston Bourdon, sous l'effort trop ardent pour l'édification de la sienne, mourait à la vie intellectuelle. (1)

*
* *

L'extension donnée, par l'exécution du plan de Bourdon, aux bâtiments du Palais, n'a pas encore suffi pour y réunir toutes les juridictions, et y assurer, à chacune d'elles, le plein et commode fonctionnement de ses services. C'est ainsi que les audiences des trois juges de paix de Nimes n'ont pu y trouver place. Le prétoire cantonal est à l'hôtel de ville (2). Il n'y a pas, non plus, de locaux convenablement organisés pour recevoir les témoins qui attendent leur tour de comparution. La justice prend à ces citoyens des heures précieuses, et ne leur accorde qu'une dérisoire indemnité. Elle devrait, en compensation, leur offrir au Palais une hospitalité plus confortable. Les mêmes observations s'appliquent aux salles des jurés. (3)

Nous signalerons, en décrivant le Palais, quelques autres défectuosités. Il serait facile d'y remédier, sans songer à de nouveaux agrandissements, trop onéreux, vers les propriétés particulières voisines. Il suffirait d'enlever à la Maison d'arrêt ce qui lui a été cédé du Palais de l'Empire :

(1) Il s'éteignit, jeune encore, en 1854, sans avoir recouvré l'usage de ses belles facultés. On lit dans un rapport du Préfet au Conseil général, en septembre 1849 : « La situation actuelle d'esprit de M. Bourdon ne lui permet pas de donner le moindre renseignement. » L'*Annuaire du Gard* de 1850 porte le nom du remplaçant de Bourdon : M. Léon Feuchère.

(2) Ce prétoire est à la charge de la commune, d'après la loi du 18 juillet 1837 ; mais il est désirable qu'il soit placé au Palais de Justice.

(3) Pas de locaux non plus pour le service si important de l'assistance judiciaire.

cette partie dont le mur, délabré et souillé d'affiches, déshonore la façade vers les Arènes. On pourrait donner, de ce côté, à l'édifice judiciaire, l'extension dont il a encore besoin. (1)

D'ailleurs, la prison voisine devrait être réservée aux seuls détenus qui vont comparaître devant les juges, et qui sont présumés innocents, jusqu'à décision contraire. Les condamnés devraient subir leurs peines, ailleurs, le plus loin possible de l'agglomération urbaine, suivant les principes de la science pénitentiaire contemporaine. Sans doute, notre Maison d'arrêt n'est plus l'effroyable geôle que nous légua l'ancien régime ; mais elle n'est point encore ce qu'elle devrait être. Il faudra, quelque jour, briser les liens séculaires qui la maintiennent sur ce sol où furent les cachots du passé, pour en faire l'asile correctionnel et moralisateur de l'avenir.

(1) Nous serons sobres de critiques ; car il n'entre pas dans notre plan d'aller plus loin que le Palais actuel, et de dire ce que pourrait être un Palais futur.

II. -- DESCRIPTION

Surface et niveau de l'emplacement du Palais. — Matériaux de l'édifice. — Caractère de sa décoration. — Salle des Pas-perdus. — *Côté de la rue Régale* : Cour d'appel. — *Côté des Arènes* : Cour d'assises ; Tribunal. — *Etage central* : Tribunal de Commerce. — *Façades* : sur la rue Régale ; vers les Arènes ; grand portique central.

Le monument élevé par Bourdon occupe, sur le boulevard de l'Esplanade, entre le boulevard des Arènes et la rue Régale, un emplacement d'environ 3,200 mètres carrés (1). Son quadrilatère irrégulier est borné, au nord, de l'ouest à l'est, par les prisons, vers les Arènes, puis par des jardins et des maisons vers la rue Régale. Ses façades sur les voies publiques, qui l'entourent, de trois côtés, sont de longueurs très différentes : 72 mètres, boulevard de l'Esplanade; 43 mètres, boulevard des Arènes ; 34 mètres, rue Régale ; en tout, 149 mètres. (2)

Les façades reposent sur une sorte de stylobate continu, formant au Palais un soubassement d'une hauteur moyenne d'environ trois mètres au-dessus du trottoir des boulevards et de la rue. Cette élévation représente, en cet

(1) Cette surface est indiquée dans une note de Bourdon en date du 18 juin 1839. *Archives départementales*, 5. N. 22. D'après ce document, l'ancien Présidial n'occupait que 288 mètres carrés ; le Palais de Charles Durand, 2.212 mètres.

(2) Nous devons ces mesures et celles que nous indiquerons plus loin à M. l'architecte Augière, professeur à l'école des Beaux-Arts de Nimes. Un de ses élèves a fait de remarquables dessins reproduisant les architectures du Palais.

Les dimensions exactes données par M. Augière sont : côté Esplanade : 72ᵐ, 79 au nu des pilastres, y compris le décrochement est ; côté Arènes : 43ᵐ, 37 ; côté rue Régale : 34ᵐ, 35 jusqu'au mur de la maison voisine.

endroit, où, depuis la destruction de la Basilique, s'accumulèrent tant de ruines, l'exhaussement du sol nimois, à travers les siècles. C'est à cette hauteur qu'étaient les auditoires et les prisons du Présidial. C'est au même niveau que demeurèrent les salles, le jardin et les cours des édifices modernes qui lui succédèrent, tandis qu'on creusait le boulevard des Arènes pour dégager les arcades à moitié ensevelies du monument romain. (1)

*
* *

Le devis initial du 14 septembre 1835 indique l'origine des matériaux qui servirent à la construction. Ils sont tous pris dans les environs de Nimes. Les chemins de fer n'avaient point encore facilité les communications, et il aurait été trop coûteux de faire venir, par exemple, pour les bases, ces blocs de granit de l'Ardèche ou de l'Isère dont l'usage s'est maintenant répandu.

Le sable sera de « la sablière de Bouillargues » ; la chaux, des fours de Nimes (2) ; les moëllons, « de la carrière de la ville sur la route de Beaucaire » ; « le pare-» mentage des murs, les colonnes, le porche, et en géné-

---

(1) On se rappelle que Rulman fit visiter au nonce du pape, dans une cave au-dessous du Palais, un fragment encore debout de la Basilique. Voir, sur la hauteur du sol, au XVIe siècle, *Palais Présidial*, p. 33 et 35, et, en 1806, *Palais de l'Empire*, p. 65.

La hauteur du sol du moyen âge se retrouve encore approximativement vers l'angle de la rue de la Violette et de la rue de l'Aspic. Si, à partir de cet endroit, on suit de l'œil, en descendant la rue de l'Aspic vers l'Esplanade, le soubassement des maisons, on voit qu'il forme une ligne de même niveau avec le soubassement de la Maison d'arrêt, puis avec celui du Palais de Justice. Mais tandis que cette ligne est à 0^m,50 seulement au-dessus du pavé à l'angle des deux rues, à mesure que descend le boulevard des Arènes, elle finit par être à 3 mètres au-dessus du trottoir, à la rencontre du boulevard de l'Esplanade. A ce point, le sol actuel, que les déblaiments ont remis de plain-pied avec la base des Arènes, est donc à peu près de 3 mètres plus bas que le sol du moyen âge, approximativement marqué par le pavé de la rue de l'Aspic à son angle avec la rue de la Violette.

(2) Il y a encore à Nimes une rue des Fours-à-Chaux.

» ral l'architecture, seront en roussette de Beaucaire ou
» des carrières du Pont-du-Gard » ; les parties inférieures,
toutes celles qui doivent supporter une charge plus lour-
de et être plus résistantes, seront en taille de Roquepar-
tide (1) ou de Roquemaillère. La pierre de Barutel (2), de
l'espèce la plus blanche, sera réservée aux colonnades et
aux parois intérieures ; celle de Lens (3), dont la texture
est fine et donne des arêtes très vives, aux chapiteaux,
aux sculptures du grand portique.

Le sol nimois ayant fourni la substance de l'édifice, ce
fut encore à des artistes nimois que l'architecte en demanda la décoration. Numa Boucoiran , directeur de
l'école de dessin de Nimes, pour la peinture, Paul Colin (4), professeur d'ornement à cette même école, pour la
sculpture, furent chargés d'orner les salles d'audience,
les tympans et les frontons. Leurs travaux, faute de
ressources , ne pouvaient avoir la richesse qu'on eût
souhaitée ; il est regrettable que l'originalité leur ait
aussi fait défaut. Ils ne surent pas marquer leurs tableaux
et leurs reliefs d'un caractère personnel, leur donner l'élo-
quence pathétique des symboles propres à la cité (5).

Boucoiran et Colin paraissent avoir ignoré l'hérédité
monumentale de ce Palais en qui se perpétue une telle

(1) Carrières de pierre situées à Beaucaire.

(2) Les carrières de Roquemaillère et de Barutel sont situées
dans la commune de Nimes, sur la route d'Alais. Elles apparticn-
nent au calcaire néoconien. Exploitées déjà du temps des Romains,
elles ont servi à l'édification des Arènes.

(3) Les carrières de Lens sont sur la commune de Saint-Mamert,
près du village de Fons, non loin de la route de Nimes à Alais.

(4) Voir, aux Annexes, les notices biographiques de Boucoiran et
de Colin.

(5) Même le fameux blason de Nimes, le crocodile au palmier,
n'est reproduit nulle part aux murs de l'édifice. Je l'ai découvert,
cependant, sculpté avec la devise *Col-Nem*, sur le dossier de la
grande stalle qu'occupe le Premier Président aux audiences
solennelles.

lignée d'édifices judiciaires. Ils ne comprirent pas la psychologie esthétique de cet être de pierre, successeur de la Basilique et du Présidial, si intimement lié à l'évolution historique du pays. Aussi l'iconographie de notre prétoire ne peut-elle mentionner que des figures banales, aucune image peinte ou sculptée commémorant quelque souvenir local des dix-huit siècles vécus par les Nimois sur cette parcelle de leur sol. Rien que des reproductions de la traditionnelle et commune symbolique des tribunaux. Parmi les quelques sujets traités, un même thème, celui de *la Justice protectrice et répressive*, est répété jusqu'à trois fois : par le pinceau au plafond de la première chambre, par le ciseau aux tympans de deux façades.

*
* *

Quatre juridictions se partagent les bâtiments du Palais, les divisent en quatre groupes d'auditoires, d'escaliers, de couloirs, de salles diverses. *La Cour d'appel* d'abord ; tout le CÔTÉ DE LA RUE RÉGALE lui est affecté. Du CÔTÉ DES ARÈNES, deux groupes : au nord, vers les prisons, celui de la *Cour d'assises* ; au midi, vers l'Esplanade, celui du *tribunal d'arrondissement*. Le groupe du *tribunal de commerce* a ses services réunis dans L'ÉTAGE CENTRAL, au-dessus de la salle des Pas-perdus.

Nous visiterons rapidement les locaux de chacun de ces groupes, et d'abord la *salle des Pas-perdus* qui leur est commune.

*
* *

SALLE DES PAS-PERDUS. — Elle est plus spécialement sous la dépendance de la cour d'appel, juridiction supérieure. Pour assurer la police de cette salle et de ses abords, la cour nomma, en 1854, un garde du Palais (1). Ce gardien, ancien soldat, chevalier de la Légion d'hon-

----

(1) Registre des délibérations de la cour ; 10 mars 1859. Le traitement est fixé à 400 francs. Le titulaire de l'emploi, Roumieux, ex-maréchal-des-logis, avait une pension de retraite qui lui permettait de se contenter de cette faible allocation.

neur, portait un uniforme de drap bleu, le chapeau bi-
corne et l'épée. Son emploi fut supprimé comme inutile,
lors du décès du titulaire. (1)

La salle des Pas-perdus a environ 32 mètres de longueur sur 7ᵐ,50 seulement de hauteur. Un escalier monumental, qui, par deux volées latérales, conduit à l'étage
du tribunal de commerce, ouvre, sur le milieu, la cage (2)
spacieuse et claire où montent ses rampes à balustres, où
se profilent ses colonnes et ses pilastres. Au centre de
l'escalier et en face des premières marches, dans le mur
qui soutient ses voûtes, l'ancienne niche royale, vide,
arrondit un dôme semé d'acanthes et de rosaces. Derrière,
un couloir donne accès, dans la direction du nord, à la
bibliothèque et au vestiaire des avocats, à la cour irrégu-
lière et exiguë, dont les arbustes et les lierres rappellent
l'antique jardin du Présidial. Les murs du greffe du tribunal civil, au couchant, et de la deuxième chambre de la
cour, au levant, dominent ce préau. L'air et le soleil n'y
pénètrent que par le nord, à travers les petits jardins des
maisons voisines.

A droite de l'escalier sont les deux hautes baies par où
l'on accède aux auditoires de la cour. Entre elles, le couloir du greffe d'appel et des salles vers la rue Régale.
A gauche de l'escalier, symétriquement, les portes de la
cour d'assises, du tribunal de première instance, le couloir des services judiciaires installés sur le côté des Arènes.

Vers la façade de l'Esplanade, sept ouvertures de hauteur et de largeur diverses. Trois, les plus vastes, fermées de panneaux amplement vitrés, prennent jour sous
le grand portique central ; des colonnes et des pilastres
cannelés les séparent ; elles ne s'ouvrent jamais. Quatre
autres baies servent à la circulation journalière ; des

(1) L'épée, le chapeau et la tunique sont conservés dans un pla-
card du vestiaire de la 2ᵉ chambre de la cour.

(2) Cette cage d'escalier tient, dans la salle des Pas-perdus,
16ᵐ,45 de largeur sur 5ᵐ,70 de profondeur. Sa hauteur, du sol de la
salle jusqu'au plafond de l'étage du tribunal de commerce, est de
13ᵐ,60.

mosaïques de marbre ornent le dessus des deux plus petites : des sphères de jaspe bleu cernées de bandes aux nuances d'ocre jaune et d'agate. Quelques torchères au gaz sont fixées aux murs pour l'éclairage des soirs d'hiver.

La décoration du plafond est banale : des rosaces et des losanges de plâtre, en mince relief. D'ailleurs, ce plafond n'est déjà plus celui que Bourdon avait fait poser, et dont l'état, dès 1854, nécessitait une urgente réfection. (1)

*
* *

Parcourons, maintenant, du CÔTÉ DE LA RUE RÉGALE, les locaux de la *Cour d'appel*. Pour plus de clarté, il est utile d'y distinguer, comme nous aurons à le faire aussi, pour le côté des Arènes, trois parties transversales que nous traverserons successivement, en allant du midi au nord.

D'abord le *pavillon* en avant-corps sur la façade principale de l'Esplanade, à l'angle de la rue Régale. Puis la *partie centrale*, correspondant à la salle des Pas-perdus. Enfin la *partie nord* où le Palais rencontre les propriétés voisines.

*
* *

COTÉ DE LA RUE RÉGALE

Cour d'Appel.

Pavillon. — Cette partie comprend : le couloir, la loge et l'appartement du concierge, le cabinet du Premier Pré-

---

(1) Vers la fin de 1854, le préfet nomma une commission pour vérifier certaines parties du Palais déjà fort endommagées. Cette commission, présidée par M. de Costa, commandant du génie, clôtura ses travaux, le 17 août 1855, en déclarant qu'elle n'avait pu se procurer les documents nécessaires à leur utile continuation. Le successeur de Bourdon, Léon Feuchère, avait vainement recherché les plans du Palais que la commission lui réclamait.

sident, la grande salle du conseil de la cour, la bibliothèque.

Grande salle du conseil. — On y arrive directement du dehors par un couloir venant du péristyle et passant devant la loge du concierge (1). Des portes la font communiquer avec l'auditoire de la première chambre, avec le vestiaire, la bibliothèque, et le cabinet du Premier Président. Elle a deux larges fenêtres sur l'Esplanade, en face du kiosque de la musique et de la fontaine Pradier.

Les murs sont tendus en damas de soie cramoisie. Des rangées de fauteuils, garnis de velours rouge (2), sont alignées tout autour, sur le pavé de mosaïque. Une longue table, au tapis noir frangé d'écarlate, tient le milieu. Un lustre en métal bronzé, auquel ont été adaptées sept lampes électriques (3), fournit l'éclairage du soir. Sur la cheminée, en marbre blanc, des bronzes de Barbedienne :

(1) Les deux concierges, Millet, puis Domergue, qui ont précédé Chabaud, le concierge actuel récemment choisi par la cour, avaient vécu, à eux deux, près de 70 ans de l'existence du Palais.

(2) Le 6 novembre 1844, la Cour (Registre des délibérations) dut nommer une commission pour activer, de concert avec le syndic Ferrand de Missol, la fourniture du mobilier très insuffisant, à cette époque, dans le Palais en voie d'achèvement.

M. Ferrand de Missol était le 4ᵉ syndic de la cour après MM. Baron, Roustan (voir *Palais de l'Empire*, p. 76), et Fargeon (1828 à 1831). Retraité en 1852, il fut remplacé par M. de Trinquelague-Dions, 5ᵉ syndic (1852 à 1873). Vinrent ensuite MM. Guiraud, 6ᵉ (1873 à 1878) ; Second, 7ᵉ (1878 à 1882) ; de Rouville, 8ᵉ (1882 à 1885) ; Teulon Vallo, 9ᵉ (1885 à 1896) ; enfin, moi-même.

D'après le *Compte général du matériel pour 1898*, publié par le ministère de l'intérieur, l'ensemble du mobilier actuel de la cour comprend 566 articles valant 39.272 francs.

(3) Installées sur ma demande en mai 1897. On employait avant, pour l'éclairage de cette salle, des lampes à huile, à modérateur. L'ensemble du Palais est éclairé au gaz par des appareils dont le nombre a été augmenté peu à peu. Comme substitut à la cour en 1886, j'ai vu encore les bureaux des audiences éclairés avec des lampes à huile.

D'après les comptes des syndics, l'installation du gaz aurait commencé en 1862. En 1839, on avait augmenté les dépenses d'éclairage en raison de la substitution des bougies aux chandelles.

le *Moïse* de Michel-Ange, deux urnes, deux candélabres. La cheminée ne suffirait pas à chauffer la salle. Des bouches de calorifère (1) y apportent, en hiver, leur supplément de chaleur.

BIBLIOTHÉQUE. — Ses deux fenêtres donnent sur l'entrée de la rue Régale vers l'Esplanade. Des corps de bibliothèque en noyer, sculptés de pilastres aux chapiteaux corinthiens, supportent un revêtement de livres qui cache toute la surface des murailles. Il y a environ quinze cents volumes dont le tiers, d'énormes livres aux dos parcheminés, provient du Présidial ou des couvents supprimés par la Révolution. Les collections de Dalloz et de Sirey, les travaux préparatoires et les commentaires des Codes, sont les éléments les plus abondants du fonds moderne. Grâce à des crédits récemment alloués (2), nous avons pu enrichir nos rayons d'ouvrages contemporains qui y manquaient complètement.

Laissant la bibliothèque dans l'angle de la rue Régale, où elle s'isole, et longeant intérieurement la façade sur cette rue, nous suivons un couloir qui sert de vestiaire aux conseillers de la première chambre, à côté de leur salle d'audience.

Partie centrale. — AUDITOIRE DE LA PREMIÈRE CHAMBRE. — C'est après l'auditoire des assises, le plus vaste vaisseau du Palais. Les salles et les couloirs qui l'entourent

---

(1) Une délibération de la cour du 27 août 1841 (Registre des délibérations) demande un supplément de crédit au compte des menues dépenses, en raison de la consommation plus grande de charbon par suite de la substitution des calorifères aux poêles et brasières. Le syndic Ferrand de Missol indique que le danger des brasières a été démontré par deux incendies survenus dans la salle d'audience.

(2) Nous devons ces allocations à l'appui de M. Armand Durand, directeur de la comptabilité au ministère de la Justice.

Elles nous permettront notamment de compléter des ouvrages dont quelques tomes ont disparu. Ces disparitions avaient suscité, le 8 août 1853, une délibération de la cour décidant que les livres ne pourraient sortir de la bibliothèque, (Registre des délibérations de la cour.)

le défendent contre les bruits du dehors (1). Les fenêtres prenant jour très haut, vers la frise, n'y laissent entrer aucune agitation extérieure; mais l'aérent fort mal. Il s'étend en longueur, du levant où se trouve le bureau de la cour, au couchant où est la porte sur la salle des Pasperdus.

Tout autour de l'estrade sur laquelle est placé le bureau, fixées au mur, sont trente-une stalles, au siège de maroquin rouge, aux bras de noyer sculpté, réservées aux jours où les audiences solennelles réunissent les deux chambres. Leur nombre est, maintenant, bien supérieur à celui des magistrats, et rappelle l'époque où la cour était composée de trois chambres.

La décoration de la salle a été récemment renouvelée (2) à l'occasion d'une réparation faite à la toiture. Les parois, peintes autrefois en faux marbre jaune et vert, sont semées maintenant de fleurs héraldiques, en demi-teinte. De hautes boiseries revêtent leur soubassement. Leur partie supérieure est divisée en trumeaux par des pilastres reposant sur une corniche.

Trois importants panneaux du peintre Boucoiran ornent cet auditoire. Deux, en des cadres octogones, au milieu des rosaces de staf gris et or du plafond.— *La Justice protectrice.* Elle tient le glaive et la balance. Autour d'elle, des déesses blondes affirment leur intention de symboliser l'agriculture et les arts, par la corne d'abondance et la palette. Mercure avec son caducée représente le commerce également protégé par Thémis. *La Justice repressive.*

---

(1) Cette disposition fut soigneusement étudiée par Bourdon, qui, dans son projet du 14 septembre 1837, dit : « Les salles d'audience, qui ont besoin de grand silence, n'ont de communication que par le seul côté obligé avec la salle des Pas-perdus. Elles sont, autant que possible, éloignées des rues et places. »

(2) Sur les dessins de M. l'architecte Randon de Grolier ; Grey, entrepreneur de peinture. L'ensemble des travaux faits de mai 1898 à mai 1899 a coûté environ 30,000 francs. L'audience solennelle d'octobre 1898 se tint dans la salle des assises ; l'auditoire de la cour d'appel étant encore occupé par les ouvriers.

Le Droit, armé des foudres pénales, repousse d'un bras puissant l'attaque des génies du mal.

Un troisième panneau occupe la cimaise, au fond de la salle, au-dessus du buste de la République casquée, en plâtre bronzé. Il représente *le Jugement suprême* : dans une apothéose de rayons, Jésus prononce ses arrêts sur les actions des hommes. A sa droite, les Justes l'écoutent, charmés et contemplatifs ; à sa gauche, les criminels tremblent et s'effarent avec des gestes de terreur.

Les deux panneaux du plafond datent de la construction de l'auditoire. Ils ont été replacés après la réfection récente. Celui du fond de la salle serait de 1862, d'après un renseignement fourni par le procès-verbal de la séance de rentrée du 14 novembre 1861. Les procès-verbaux de rentrée, sauf celui-ci, sont tous muets sur les travaux du Palais ; les orateurs semblent ignorer la rénovation architecturale de l'édifice où se rouvrent leurs audiences, ne pas voir les œuvres artistiques nouvelles qui l'embellissent. Par exception, en 1861, avant le discours du substitut Blanchard, sur le Présidial, le procureur général Thourel prend la parole pour remercier « sa majesté l'Empereur, de son portrait qu'elle a envoyé », et il ajoute : « un peintre habile, enfant de cette cité, donne, en ce moment, les dernières touches au tableau destiné à rendre l'image de la Divinité que la dernière émeute avait enlevée. » (1)

*
* *

Entre la première chambre et la façade de la rue Régale, une cage d'escalier conduit, du rez-de-chaussée, où sont diverses pièces accessoires, et les caves, au couloir desservant les salles que nous venons de décrire, et à l'étage supérieur. Dans le projet de Bourdon, le parquet général devait être installé en cet étage. Aussi l'escalier,

---

(1) Il est probable que, par l'expression « émeute », le Procureur général du second Empire veut désigner la Révolution de 1848.

Les peintures d'art du Palais étaient évaluées, dans le devis du 1ᵉʳ septembre 1842, à 8.952 francs, dont 3.000 pour les deux panneaux de la deuxième chambre.

large et commode, avait-il été décoré de colonnes en marbre gris, de niches attendant, aux murs du vestibule, les bustes des jurisconsultes éminents. Mais cette installation aurait mêlé la circulation du public que reçoit le parquet, à celle des conseillers, aurait rompu l'isolement nécessaire (1) des magistrats. Elle ne fut jamais acceptée.

Partie nord. — Du couloir de la partie centrale, nous pénétrons dans le vestiaire de la deuxième chambre, dans les cabinets des avocats généraux. Nous touchons ici au mur des maisons voisines. Pour éclairer les pièces qui s'éloignent maintenant de la rue Régale, s'avancent vers le couchant, derrière la muraille mitoyenne, une cour s'ouvre, richement ornée de sculptures, entourée d'une galerie à colonnes fermée par des panneaux vitrés. Les fenêtres de la salle du conseil de la deuxième chambre donnent sur cette cour. A côté,

Auditoire de la deuxième chambre de la cour. — Sa longueur s'étend dans une direction perpendiculaire à celle de la première chambre, du nord où s'arrondit le bureau des conseillers, au midi où est la porte sur la salle des Pas-perdus. De vastes baies prennent jour, à deux mètres, au-dessus de l'estrade, vers le jardin du Palais (2) ; mal placées pour les avocats, qui, plaidant en face, en sont aveuglés ; mal disposées pour l'aération dont l'architecture de la première moitié de ce siècle se préoccupait peu. (3)

(1) « Ils vivront dans l'isolement salutaire qui est le plus sûr » garant de l'intégrité des juges. » Lazare Carnot.

(2) Une porte, placée derrière le siège du ministère public, permettait, à l'origine, d'aller directement de l'audience au jardin ; mais par délibération du 1er avril 1841 (Registre de la Cour), sous la présidence de M. de Daunant, pair de France et Premier Président, la Cour demanda la fermeture de cette issue.

(3) L'hygiène du Palais actuel exigerait de nombreuses améliorations que l'avenir donnera, sans doute, à nos successeurs. Elle est, cependant, très en progrès sur l'époque, où, encore enfermé aux locaux malsains de l'ancien Présidial, le procureur général Cavalier réclamait en vain des latrines. — Lettre du 16 fructidor an XIII (3 septembre 1805). *Revue du Midi*, octobre 1899, p. 337.

Des pilastres peints en faux marbre griotte font des saillies symétriques sur les parois des murs et y encadrent les deux principales œuvres décoratives de Numa Boucoiran. (1)

A gauche du bureau de la cour : *Caracalla après le meurtre de Géta*. Le féroce empereur vient de poignarder son frère dans les bras de sa mère. Du siège où il est assis, il menace le jurisconsulte Papinien, qui, debout, dans sa toge rouge, manifeste sa réprobation contre le crime du souverain. (2)

En face de cette toile, une autre commémoration du courage judiciaire : *Achille de Harlay* (3), président au Par-

(1) Aux *Archives départementales*, 5. N. 32, existe le mémoire, en date du 5 juillet 1846, signé : Numa Boucoiran, directeur de l'école de dessin, donnant le titre des deux œuvres et leur prix : 1.500 fr. chacune : 1º un tableau représentant *Caracalla après le meurtre de Getta* (sic), *son frère ;* 2º un autre tableau représentant *Achille de Harlay*.

(2) Né à Lyon, Caracalla, à peine âgé de 23 ans, avait été proclamé empereur, en 211, conjointement avec Géta, son frère. Mais il se débarrassa presque aussitôt de son rival. Le surnom sous lequel il est connu lui venait du long manteau gaulois *car acalla* qu'il aimait à porter en souvenir de sa ville natale.

Le célèbre jurisconsulte Papinien, avocat du fisc sous Marc-Aurèle et préfet du prétoire au moment du meurtre de Géta, fut mis à mort, en 212, sur l'ordre de Caracalla pour avoir refusé de faire l'apologie du fratricide. Sa grande réputation le fit classer, en 426, dans la *Loi des citations*, parmi les cinq jurisconsultes dont les écrits avaient force de loi.

Le sujet traité par Boucoiran a fréquemment tenté les artistes. On remarquait, à Paris, au salon de peinture de 1899, un *assassinat de Géta* par Rochegrosse, formidable de mouvement et de couleur.

(3) Achille de Harlay, nommé, en 1582, Premier Président au Parlement de Paris, par Henri III, fit preuve d'une inébranlable fermeté pendant les troubles de la Ligue. La toile de Boucoiran représente l'épisode bien connu de la *Journée des Barricades*, 12 mai 1588. Aux menaces du duc de Guise, qui le somme de reconnaitre son pouvoir d'usurpateur, Harlay répond : « Mon àme est à » Dieu, mon cœur au roi, mon corps entre les mains des méchants ; « qu'on en fasse ce qu'on voudra ! » Les *Seize* enfermèrent de Harlay à la Bastille. Henri IV le rétablit dans ses fonctions.

lement de Paris, refuse de céder aux menaces de Guise qui le presse de trahir le roi. De la toge rouge, drapée d'hermine, s'élève le geste de protestation du droit contre la force. Des épées tournées vers lui entourent le magistrat. Mais la crainte de la mort ne le fera pas manquer à son devoir. (1)

****

Au-dessus de l'auditoire de la deuxième chambre , SALLE DES ARCHIVES ANCIENNES. Elle reproduit exactement les dimensions de l'auditoire au-dessous. Des séries d'étagères portent des liasses, des dossiers, des sacs à procédures, des registres, des plans, fort en désordre. Il n'y a, d'ailleurs, dans ce local, mal entretenu, qu'une partie des archives que possède la cour ; une autre partie, moins bien logée encore, est au rez-de-chaussée, sur la rue Régale, dans la salle basse voisine des caves.

Pour tout inventaire, un cahier de quelques pages rédigé vers 1845, par le greffier en chef Bruyère (2). Une notice en tête de ce cahier mentionne sommairement les origines des énormes masses de documents rassemblés ici .

Les archives de la sénéchaussée, du Présidial et des conventions royaux, demeurèrent, à l'époque de la Révolution, dans leurs séculaires dépôts du Palais.

Quand la constitution de l'an III supprima les tribunaux de district, on apporta à Nimes, au tribunal du département, les papiers de ces tribunaux et ceux des juridictions antérieures qu'ils avaient remplacées (3). Le

---

(1) La figure du *Président de Harlay* reproduit les traits du grand avocat *Alphonse Boyer*, de Nîmes, qui a posé devant Boucoiran.

(2) M. Bruyère débuta comme greffier en chef au tribunal d'appel en 1800 et continua ses fonctions à la cour d'appel, créée en 1811, jusqu'en 1857. Son successeur, M. Gaillard, dont les fils sont encore greffiers en la cour, exerça de 1857 à 1894, date de son décès. Il a été remplacé par M. Alphonse Boyer, troisième greffier en chef depuis la création de la cour, petit-fils du célèbre avocat de ce nom.

(3) Voir *Tribunaux de la Révolution*, p. 47 et 51.

greffier du tribunal ayant refusé d'en prendre officiellement charge, on les confia, vers 1801, à l'état de chaos, au
greffe du tribunal d'appel. Le greffier en chef Bruyère
dut les faire transporter du ci-devant collège des Jésuites,
où siègeait provisoirement le tribunal de Nimes (1), au
vieux Palais, réservé, alors, à la juridiction d'appel.

En 1812, un premier déplacement général de toutes les
archives eut lieu (2). Depuis 1844, elles reposent dans les
locaux actuels où les transporta un second bouleverse-
ment, après la seconde reconstruction du Palais (3).
Quelques chercheurs les fouillent au hasard et y font d'in-
téressantes découvertes (4). On ne saurait trop déplorer
l'état d'abandon dans lequel elle sont laissées. Il serait à
désirer, pour leur conservation, que des crédits fussent
alloués soit au greffier de la cour, soit à l'archiviste du
département, en vue d'assurer leur classement et l'entretien de leur dépôt.

*
* *

A côté des archives anciennes, une pièce spacieuse pour
les archives modernes. Dans un entresol voisin, les minu-

---

(1) Voir *Tribunaux de la Révolution*, p. 54.

(2) Après l'achèvement du *Palais de l'Empire* remplaçant les
vieux bâtiments du Présidial.

(3) Voir *Palais actuel*, *Edification*, p. 101.

Les renseignements que nous donnons sur les archives du Palais
sont empruntés à la notice du cahier d'inventaire sommaire rédigé
par M. Bruyère. Ce cahier est sur une table poudreuse près d'une
des fenêtres délabrées de la *salle des Archives*.

(4) Notamment pour l'histoire du protestantisme et pour celle de
la Révolution. M. F. Rouvière y a consulté les dossiers du tribunal
révolutionnaire pour son *Histoire de la Révolution dans le Gard*.

Des décisions ministérielles ont autorisé, en 1861 et en 1866, la
remise aux Archives départementales d'un certain nombre de dossiers. En 1891, remise d'un registre au consistoire protestant de
Meyrueis.

Dans une lettre du 17 juillet 1844, déjà citée (*Palais actuel*, p. 100),
le greffier en chef Bruyère dit, à propos des archives du Palais :
« Le principal intérêt est d'en éviter la publicité, qui pourrait
» rappeler des faits totalement oubliés et faire renaître des haines
» dans quelques familles. »

tes des arrêts de la cour, les cabinets du greffe où le public accède par un couloir et un escalier obscurs, au fond, à droite de la salle des Pas-perdus.

Sortant par ce couloir, et traversant la salle des Pas-perdus dans la direction du couchant, nous allons continuer le tour du Palais par le côté des Arènes.

*
* *

COTÉ DES ARÈNES

I. — Assises.

Partie nord. — L'Auditoire des Assises s'étend du nord au midi, vers la salle des Pas-perdus, parallèlement à celui de la deuxième chambre, dont il est séparé par des pièces annexes et le jardin du Palais. Il est de proportions bien plus amples. Le fond du vaisseau s'avance plus au nord, fait saillir son large rectangle dans les préaux et chemins de ronde des prisons, derrière les bâtiments du quartier des femmes détenues. (1)

Trois parties distinctes dans l'auditoire : la première, limitée par une barrière et des grilles, pour le public qui vient de la salle des Pas-perdus ; la seconde, pour les témoins et les auditeurs assis ; dans la troisième, se faisant face, les sièges des jurés, la barre des avocats, le banc des accusés, et au fond, transversalement, le bureau de la cour. Au mur qui domine ce bureau, le buste de la République, et le tableau représentant le Christ. Des portes, sur les côtés, conduisent à la salle du conseil, vers le jardin, aux salles des témoins et des jurés vers la façade des Arènes.

Les murs s'élevent, de toute la hauteur du Palais, jusqu'à une corniche avec frise, en stuc blanc, où s'appuient les retombées de la voûte à plein cintre. Au milieu des vastes parois latérales, de chaque côté, deux colonnes stuquées soutiennent, de leurs chapiteaux corinthiens, des arcs doubleaux, et, par une entaille au milieu de leur

---

(1) Nous avons vu, *Palais de l'Empire*, p. 87, que la façade de ces bâtiments est un reste de ce Palais.

fût, servent de point d'appui à des tribunes. Des baies en demi-cercle, au-dessus de la corniche supérieure, vers la voûte, enchassent, au nord, au levant et au couchant, des vitrages mobiles que manœuvrent difficilement de longs cordages.

La voûte est divisée en caissons de stuc et de toile peinte. Aux quatre pendentifs, des figures de femmes paraissent vouloir symboliser la Vigilance, la Prudence, la Justice et la Force. Les moulures des caissons, les encadrements des baies, les sculptures de la corniche, font, avec leur ton de plâtre sali, uni aux teintes rougeâtres ou bleuâtres des rosaces et des attributs, de disgracieux mélanges. Les faux marbres verts ou jaunes des murs, ajoutant leurs notes criardes à cette bruyante polychromie, achèvent de compromettre l'harmonie générale de la décoration, d'éloigner l'idée d'un grave et redoutable auditoire de justice criminelle. Cette architecture rappelle plutôt comme une restitution, très imparfaitement tentée, de quelque salle de thermes antiques.

*
* *

A gauche de la porte des Assises, sur les Pas-perdus, le couloir du Parquet général. On monte à ce parquet, dont les cabinets ont, pour vis-à-vis, les Arènes (1), par un escalier appuyé à la façade du couchant. Cet escalier, qui se prolonge jusqu'au rez-de-chaussée, y communique avec le boulevard des Arènes, par l'unique porte de cette façade. Mais cette ouverture est fermée à la circulation (2).

---

(1) Le cabinet des substituts, privé d'air et de vue, n'a qu'une fenêtre sur un étroit préau intérieur.

(2) On y passait encore vers 1854. Le 14 octobre 1854, devant la commission chargée d'apprécier les malfaçons du Palais (V. *Palais actuel, Description*, p. 12), le Procureur général dit : « Qu'il serait nécessaire pour se défendre du vent qui s'engouffre dans l'escalier conduisant de la place des Arènes au parquet, d'établir un tambour sur le palier... » Il ajoute que la fermeture du parquet n'est pas assez solide et ne met pas assez sûrement à l'abri les archives et les pièces importantes qui y sont déposées. Il demande en outre « des améliorations au chauffage, et des lieux d'aisance...»

Elle ne sert qu'exceptionnellement, pour le corps-de-garde, pendant les sessions d'assises.

Diverses pièces, à l'usage des officiers ministériels (1), achèvent de remplir cette partie nord du Palais, du côté des Arènes. C'est là aussi que commence le couloir qui mène les détenus de la prison chez le juge d'instruction et aux audiences.

*
* *

II. — Tribunal.

Partie centrale. — Auditoire du tribunal d'arrondissement. — Il fait pendant, au couchant, à celui de la première chambre de la cour, et a, sauf en hauteur, des dimensions à peu près équivalentes. Sa décoration semble être la continuation de celle de la cour d'assises, donne la même sensation de plâtrerie, d'art grimé, de fard polychrome, de stucage sonnant faux. Au-dessus de panneaux en papier peint fané, des écussons portent les noms des principales villes de l'arrondissement. Des colonnettes blanches, engagées aux murs, séparent ces panneaux, supportent des arcs, blancs aussi, qui se tendent, pour soutenir la voûte de la salle, en un effort manifestement excessif. Le plafond marque, par un cadre de plâtre sculpté, son attente d'une toile décorative dont il aurait fort besoin.

Le bureau des juges se profile sur les amples baies de la façade du couchant. En face, une mince galerie forme tribune, dans l'épaisseur du mur, grillée d'une grêle balustrade de fonte. Des portes font communiquer les magistrats avec leur chambre du conseil, le public avec la salle des Pas-perdus et le couloir du *Pavillon* ouest, par lequel nous allons achever notre tour du Palais, commencé en face au Pavillon est.

*
* *

---

(1) Ceux-ci se plaignent avec raison de l'incommodité des locaux qui leur sont affectés.

Pavillon. — La Chambre du Conseil du Tribunal occupe l'angle entre les boulevards des Arènes et de l'Esplanade, au point où finissait le jardin de Courbis (1), sur l'emplacement du rempart, tout près de l'endroit où s'élevait la porte de Saint-Gilles (2). A côté, le vestiaire des juges, et, donnant sur le grand perron extérieur, la loge du concierge. (3)

Au-dessus, on a entassé les services du *Parquet* et de l'information judiciaire. En des cabinets étroits, sans air, sous une terrasse brûlante ou glacée, les magistrats sont emprisonnés avec les détenus qu'ils interrogent (4), avec des témoins ou des plaignants.

Ils auraient pu siéger en des pièces confortables, mais il aurait fallu, pour cela, relever le pavillon, remplacer son attique et sa terrasse par une haute toiture, ouvrir, sur toutes ses faces, des baies condamnées par le style, se préoccuper d'hygiène plus que d'art. Le portique gréco-romain, dominé par une construction latérale, fort aérée, mais contraire à la norme architectonique, aurait perdu, dans l'ensemble de la façade, ses proportions d'altitude et de beauté. L'idéal esthétique a prévalu sur le souci utilitaire. Des générations de magistrats subiront les confinements délétères, à l'intérieur du Pavillon, mais, à l'extérieur, les lignes des architectures se développeront avec harmonie, selon le rhythme grec. (5)

Il nous reste, avant de quitter l'intérieur du Palais, à jeter un coup d'œil sur l'*Etage central*.

*
* *

(1) Voir *Tribunaux de la Révolution*, p. 49.

(2) Voir *Palais Présidial*, p. 31.

(3) Faute de place, le concierge doit coucher dans un appartement particulier, en dehors du Palais.

(4) Le cabinet des substituts n'a pas de fenêtres. Il n'est éclairé que par un châssis vitré au plafond, et aéré que par la porte.

(5) Ces observations s'appliquent d'une manière générale à tout le Palais. — L'hygiène et l'art auraient pu obtenir égale satisfaction. Les services judiciaires spéciaux auraient pu être installés, par exemple, en d'autres parties, au nord du Palais. Voir *Palais actuel, Edification*, p. 105.

ÉTAGE CENTRAL

Tribunal de Commerce.

On rencontre, à droite, en montant à cet étage, par l'escalier monumental de la salle des Pas-perdus, le greffe du tribunal civil (1), qui n'a pu être logé à côté des autres services de cette juridiction.

Au sommet de l'escalier, un vaste palier, borné, au midi, par la paroi intérieure du grand portique, sert de promenoir et de dégagement. A gauche, au levant, l'auditoire du tribunal consulaire, la chambre du conseil, le cabinet du président. Les plafonds y sont bas, la décoration est nulle. A droite, au couchant, le greffe, le logement du concierge spécial. C'est par un couloir de ce logement que l'on parvient à l'horloge du Palais, au faîte de la façade sur les Arènes. Une ouverture permet, aussi, d'atteindre, en passant sur le péristyle, la terrasse du pavillon ouest de la grande façade.

Nous allons, maintenant, achever notre visite, en faisant le tour extérieur des *façades* du Palais.

*
* *

FAÇADES

Nous avons indiqué que leurs longueurs étaient très différentes (2). Leurs dispositions architecturales sont également dissemblables. Elles s'harmonisent cependant et s'unissent par le stylobate, l'entablement et l'attique continus qui donnent à leurs bases et à leurs sommets des formes identiques. Elles ont une même hauteur de 13 mètres environ (3). Seuls, les deux frontons vers les Arènes

---

(1) Son local était destiné au greffe de la cour qui a dû accepter, en échange, les salles et l'escalier incommode dont nous avons parlé p. 119 et 120.

(2) Voir *Description*, p. 106.

(3) Exactement 13^m, 66 d'après les mesures prises par M. Auglère.

et sur l'Esplanade se dressent plus haut, dominent l'attique commun aux trois façades.

Sous cet attique, au-dessous encore de l'entablement où
des triglyphes alternent avec des plaques de marbre, des
pilastres cannelés, d'ordre dorique romain, appuyés sur
des piédestaux saillants, s'espacent aux murs. Ces pilastres se répètent tout autour du monument, marquant les
trumeaux de dimensions diverses, où s'encadrent les
baies, formant, à travers les variations des façades, par
la continuité de leur galbe répété, comme le lien esthétique de l'ensemble du Palais.

Façade sur la rue Régale. — C'est là que commencèrent
les travaux du Palais actuel. Au milieu, un corps central
en légère saillie. Il est dessiné par quatre pilastres dont
les piédestaux se détachent sur le soubassement. Deux
par deux, ces pilastres font cadres à des cartouches allon-
gés, et plus haut, à des écussons, sculptés des attributs
de la justice : balance, glaive et codes.

Dans l'entre-colonnement, au rez-de-chaussée, la porte
d'entrée rectangulaire (1) ; au-dessus, une fenêtre. Sur le
linteau de cette baie, des génies, entourant les initiales
L.-P. du roi Louis-Philippe.

Des deux côtés du corps central, trois rangées de trois
fenêtres : au rez-de-chaussée, à la hauteur de la bibliothèque et des couloirs, à l'étage supérieur.

Vers l'attique, au milieu de la façade, gravée dans la
frise, l'inscription commémorative :

« *Sous le règne de Louis-Philippe Ier, roi des Fran-*
» *çais, le baron de Jessaint, préfet, assisté de M. G. Bour-*
» *don, architecte, a posé la première pierre de ce monu-*
» *ment, en présence de toutes les autorités du départe-*
» *ment du Gard. Le XII septembre MDCCCXXXVIII.* »

Pour lire cette inscription, il faut se placer sur le
trottoir opposé à celui de la façade et lever la tête. Aussi

(1) La porte de cette façade est réservée aux magistrats de la
cour d'appel.

bien peu de personnes la connaissent-elles, même parmi
les magistrats et les avocats venant chaque jour au Palais.
La plupart ignorent le nom de Bourdon. Chacun passe,
attiré par la tâche quotidienne, sans songer à tourner les
yeux vers la mince ligne de marbre. Le nom de l'architecte disparaît dans la masse de son œuvre ; et celui dont
la pensée donna l'être au monument, subit déjà le néant
de l'oubli.

Façade vers les Arènes. — Elle présente, comme celle
sur la rue Régale, un corps central légèrement saillant,
mais plus large, en raison des plus larges proportions
de ce côté du Palais : Six pilastres majeurs encadrent
cinq vastes baies cintrées où s'inscrivent les châssis de
vitrages trilobés. Au-dessous de la baie du milieu, une
porte, cintrée aussi, constamment fermée (1), brûlée par
le soleil couchant.

Au-dessus de ce corps central, un pan de mur rectangulaire s'élève, dépasse l'attique des bâtiments collatéraux,
rehausse la façade par le couronnement qu'il forme à son
milieu. Un revêtement de marbre orne sa paroi, et une
moulure de palmettes son entablement. Des pilastres mi-
neurs se profilent à ses angles. Un fronton le surmonte,
où s'enchasse le cadran de l'horloge du Palais. Paul Colin
sculpta la décoration du tympan : deux génies ailés sont
appuyés au cercle d'émail que parcourent les aiguilles
marquant les heures. Celui de gauche, tenant le glaive de
la répression, terrifie les méchants qui s'écartent et se
tordent dans l'effroi ; celui de droite tend la main aux
justes et rassure les orphelins.

Ce gâble triangulaire sert à cacher le faîte inégal des
toitures, qui est, vraisemblablement encore, à ce point, le
pignon même du Présidial, conservé en 1827 (2) et en
1842 (3). Une assez grosse cloche, suspendue à un campa-

---

(1) Voir ce que nous avons dit de cette ouverture, *Palais de
l'Empire,* p. 86, *Palais actuel, Description,* p. 121, 122.

(2) Voir *Palais de l'Empire,* p. 85.

(3) Voir *Palais actuel, Edification,* p. 95, 99.

Angle du boulevard de l'Esplanade et du boulevard des Arènes. A la suite de la façade du Palais, pavillon central des Prisons. Au fond, première maison de la rue de l'Aspic. Dans les arcades fermées des Arènes, fenêtres romanes de l'ancien Château.

nile de chêne, sonne sur ce pignon ; sans doute, l'antique *espadasse*, que Rulman entendait, battant les heures d'audience, à la vieille tour du sénéchal. (1)

De chaque côté du corps central, la façade se développe en trumeaux plats, percés de trois rangées de fenêtres, terminés par des pilastres angulaires, couronnés de l'attique où des plaques de marbre rouge alternent avec des rosaces.

Façade sur l'Esplanade. — C'est l'œuvre capitale de l'édifice, celle où se commémora, aux formes gréco-romaines du portique, le génie de la race qui fonda la cité. Là est l'entrée solennelle du *Palais de Justice*. Sa conception architecturale appartient à Charles Durand. Nous rappelons que l'auteur du Palais actuel emprunta au Palais de l'Empire le dessin général de cette façade (2) et le reproduisit en l'amplifiant.

Au milieu de la façade, au sommet de l'avenue montante que font les degrès d'un vaste perron, un portique colossal se dresse. Ses six colonnes, aux chapiteaux corinthiens, s'espacent sur une ligne de 16 mètres. Leurs fûts cannelés, énormes (3), soutiennent un fronton dont le faîte se profile à 20 mètres au-dessus du sol. (4)

Autour de ce porche, et à moitié de son élévation, des péristyles, moins superbes (5), le relient aux pavillons, en saillie, qui, accompagnés de terrasses, encadrent le per-

---

(1) Voir *Palais Présidial*, p. 32. Je n'ai pas trouvé de facture concernant cette cloche. — On ne peut y parvenir que par une difficile escalade des toitures. L'horloger m'a affirmé qu'elle ne portait ni date ni inscription indiquant son origine. Il est probable qu'on a utilisé l'ancienne cloche du Présidial. Je n'ai pas cru utile de faire l'ascension des toitures pour contrôler les affirmations de l'horloger.

(2) Voir notamment *Palais actuel, Description*, p. 94 et 95.

(3) Ils ont 1^m,23 de diamètre, 3^m,87 de circonférence. Les colonnes, avec leurs chapiteaux, 11^m,40 de hauteur. (Mesures de M. Augière.)

(4) Exactement 19^m,89, et 16^m,95 depuis l'escalier où repose la base des colonnes.

(5) Ils ont 8^m,88 de longueur et 9^m,50 de hauteur avec l'attique.

ron, avancent jusqu'au boulevard leurs ailes symétriques. Ces constructions collatérales forment comme une cour d'honneur, où, dans son recul et son altitude, apparaît plus majestueux le portique central. Une grille (1) ferme le perron, de ses panneaux ouvragés, terminés par des lances dorées. Les terrasses et les pavillons s'étendent de chaque côté. (2)

Ainsi que les façades déjà décrites, les murs des pavillons sont décorés de pilastres s'érigeant du stylobate aux triglyphes de la frise, groupés, par deux, aux angles, séparant trois grandes fenêtres. Ces baies, dont le linteau est revêtu de marbre rouge, sont rehaussées de frontons triangulaires que supportent des consoles sculptées. (3)

A droite et à gauche, au centre des terrasses entre lesquelles s'élève le perron, sur des piédestaux, sont assises, très décrépites, les vieilles statues empruntées au Palais de l'Empire (4). A droite, la *Vigilance*, sa lampe à la main, avec, près d'elle, le coq symbolique. A gauche, la *Prudence* : une figure grave sous un ample casque grec, un des bras cerclé du serpent qu'Athènes consacrait à Pallas. (5)

Une balustrade en fer, de même style que la grille du perron, clôt les terrasses, du côté du boulevard, qu'elles dominent à la hauteur du soubassement général du Palais (6). Du côté opposé, à l'abri des péristyles latéraux, sont les entrées usuelles de la salle des Pas-perdus, les

---

(1) Cette grille a été placée, en 1855, par les soins de Léon Feuchère ; Palloc, serrurier. Elle coûta 5.261 francs. Sa longueur est de 15ᵐ,58.

(2) Pavillon gauche : 17ᵐ,60 ; pavillon droit : 17ᵐ,80 ; plus le décrochement du coin de la rue Régale qui a 3ᵐ,81 de largeur ; si on ajoute les 33ᵐ,58 de la grille et des terrasses (chaque terrasse a 9 mètres), on a les 72ᵐ,79 donnés par M. Augière, comme mesure exacte de la longueur de la façade sur l'Esplanade.

(3) Leur ouverture est de 3ᵐ,30 de hauteur sur 1ᵐ,65 de largeur.

(4) Voir *Palais actuel, Edification*, p. 95.

(5) La statue de gauche est particulièrement chargée d'attributs. Outre le serpent, un miroir, un poisson, et, placé à sa droite, un animal, que son état de vétusté ne permet guère de reconnaître.

(6) **Exactement** à 2ᵐ, 95 sur ce côté.

couloirs des services placés dans les pavillons. Sur la frise de ces péristyles, des plaques de marbre (1), avec l'indication des juridictions : à droite, *Cour d'appel*; à gauche, *Tribunaux*. Leurs galeries communiquent l'une avec l'autre par le grand vestibule du porche central.

Tel un dôme de basilique, ce porche arrondit, très haut, à 16 mètres au-dessus des dalles de son pavé, sa voûte en larges caissons (2) ornés de rosaces de marbre. D'énormes pilastres cannelés, aux chapiteaux corinthiens, en arrière-corps des colonnes du fronton, soutiennent cette voûte. Au tympan que dessine son cintre, une tête colossale de Minerve ouvre ses yeux vers ceux qui montent au siège des tribunaux, rappelle aux juges la sagesse qui doit présider à leurs sentences. Quand, à travers la colonnade du portique, on pénètre en ce vestibule extérieur du monument, on éprouve comme une impression de grandeur religieuse, dégagée par ces architectures, où, dans le style des temples de Grèce et de Rome, l'art glorifia le Palais du Droit.

L'entablement, commun à l'ensemble des façades, prolonge jusqu'aux murs du vestibule, dont il suit les contours, sa corniche et ses triglyphes. Au-dessus, et sous la Minerve, un bas-relief : sur son trône, un souverain fait le geste d'un serment de fidélité aux lois. Sur des sièges plus bas, sont rangés, sans doute, les mandataires du pays. Le peuple se presse tout autour. Des guerriers, le casque empanaché, la lance menaçante, figurent la force armée au service du droit (3). Deux bas-reliefs latéraux

(1) Le devis du 14 septembre 1865 prévoit une somme de 1.890 fr. pour les inscriptions des tribunaux sur plaques de marbre turquin ou granit d'Alais. Le turquin n'a été employé qu'à l'intérieur.

(2) Leur dimension est de 1^m, 30.

(3) Il m'a été impossible d'avoir des documents sur l'origne et la signification exacte des bas-reliefs du vestibule. On peut voir dans celui du centre une allusion au serment constitutionnel de Louis-Philippe, mais aussi une glorification du serment judiciaire, même un Napoléon promulguant le Code civil.

Le devis du 1er septembre 1842 prévoit 1.600 francs pour « 2 motifs

me semblent représenter, à droite, les travaux intellectuels, à gauche, les travaux manuels, les uns et les autres favorisés par la protection de la justice.

*
* *

C'est du trottoir de l'Esplanade faisant face à celui du Palais qu'apparaissent, le mieux, les grandioses proportions du portique central, les figures et les riches ornements de sa décoration. Au sommet de la colonnade, en une bande de marbre, sous la base du fronton (1), l'inscription profondément gravée : *Palais de Justice* (2). Aux deux extrémités, les balances judiciaires, autour desquelles des génies s'agenouillent, en des attitudes de respect. Des oves, des raies de cœur, des palmettes, des rosaces entre les modillons ornent le triangle des puissantes corniches.

Au tympan, la Thémis sculptée par Paul Colin, est assise, rigide. A gauche, sous le poing qui tient le glaive levé, les hommes mauvais, les violents, les injustes, domptés par la crainte ; un criminel enchaîné. A droite, sous la main tutélaire, les faibles, les orphelins, les veuves, les victimes ; un blessé avec ses béquilles ; tous, les yeux tournés vers la Protectrice, éternellement invoquée.

Au printemps, quand reverdissent les marronniers et les platanes, ces figures aériennes, ce fronton, ces colonnes, aperçus à travers les arbres, font, à l'Esplanade, en face de l'avenue (3) qui vient de la gare, une magnifique vision d'art. Au milieu de la place, la fontaine de Pradier, avec ses statues évoquant la beauté grecque ; à

en bas-relief, en pierre de Beaucaire, dans le vestibule, à 800 fr. pièce » ; et il mentionne, comme devant être replacé, « un autre bas-relief provenant de la démolition. »

(1) Cette base a 17ᵐ, 63 de longueur.

(2) C'est l'inscription que le préfet, d'Alphonse, préconisait, en 1807, pour le Palais de l'Empire. On avait repoussé le *Justitiæ sacrum* du président Soustelle. Voir *Palais de l'Empire*, p. 67.

(3) Avenue Feuchères, ainsi désignée en l'honneur du général Feuchères qui fit à Nimes d'importantes donations. MICHEL, *Rues de Nimes*, t. I, p. 259.

droite, l'envolée d'un clocher moderne (1) ; à gauche, la
majesté des Arènes antiques. Au centre de ce décor
architectural, sur le sol consacré, depuis dix-huit siècles,
au culte du droit, le Palais se dresse vers le ciel limpide ;
et il semble que l'idée de Justice se symbolise dans la
ligne sereine de son portique.

(1) Le clocher de l'église Sainte-Perpétue, œuvre de Léon Feuchère, 1852 à 1862. — C'est le même architecte qui construisit les
deux édifices encadrant l'église : le bel immeuble de l'Hôtel du
Luxembourg et la manutention militaire.

ANNEXES

I. — Lettre de Lucien Bonaparte, ministre de l'intérieur, au Préfet du Gard, concernant les locaux des nouvelles juridictions. — 24 germinal an VIII.

II. — Extrait du discours du Préfet du Gard au Conseil général concernant les prisons et le Palais. — 15 germinal an IX.

III. — Sommaire indicatif des achats d'immeubles pour le Palais et les prisons.

IV. — Note sur les droits de l'Etat et du département quant à la propriété du Palais de Justice.

V. — Extrait du procès-verbal d'installation de la cour impériale. — 10 juillet 1811.

VI. — Pose de la première pierre du Palais actuel. — 12 septembre 1838.

VII. — Notices sur les architectes et les artistes : Charles Durand. — Gaston Bourdon. — Numa Boucoiran. — Paul Colin.

VIII. — Tableau des magistrats de la cour d'appel depuis 1811.

IX. — Liste des bâtonniers de l'Ordre des avocats depuis 1812.

I. — Lettre de Lucien Bonaparte, ministre de l'intérieur, au Préfet du Gard, en date du 24 germinal an VIII, concernant les locaux des nouvelles juridictions.

ÉTABLISSEMENT
DES
Tribunaux d'Appel.

Paris, 24 germinal an VIII.

Le Ministre de l'Intérieur
au Préfet du département du Gard

Vous savez, citoyen, que, d'après la loi du 27 ventôse dernier, le chef-lieu de votre département doit renfermer trois tribunaux : celui d'arrondissement, un d'appel, et le tribunal criminel. Le Premier Consul s'occupe dans ce moment de la nomination des membres des tribunaux d'appel. Il est donc instant de préparer un local à celui qui doit être établi dans le chef-lieu du département, pour que sa mise en activité ne soit pas retardée. Je vous recommande, en conséquence, citoyen, de vous faire rendre compte des locaux occupés dans ce moment par les tribunaux civil et criminel, d'examiner avec soin si les trois tribunaux peuvent y être placés décemment, quoique modestement, et de faire faire à cet effet tous les travaux convenables, pour que chaque tribunal puisse y siéger incessamment. Ces travaux doivent être donnés à l'adjudication d'après le devis d'un architecte.

Dans le cas où les emplacements actuels ne pourraient pas contenir les trois tribunaux, vous ordonnerez les dispositions nécessaires pour que le tribunal d'appel soit placé, de préférence à celui d'arrondissement, dans le local occupé par le tribunal civil, et vous ne devez faire la recherche d'un autre bâtiment, soit national, soit communal ou même appartenant à un citoyen, que pour y placer le tribunal d'arrondissement.

Vous voudrez bien m'informer des mesures que vous aurez prises pour remplir à eet égard les vœux du gouvernement.

> Je vous salue

> Lucien Bonaparte.

(*Archives départementales*, 5. N. 12.)

II. — Extrait du discours prononcé le 15 germinal an IX, par le Préfet du Gard (1), au Conseil général du département, concernant les prisons et le Palais.

Citoyens,

Le premier consul de la République française nous assurait lui-même, l'année dernière, qu'il n'avait d'autre

(1) J.-B. Dubois, plus tard sénateur, chargé, comme commissaire impérial, d'installer la cour impériale, le 10 juillet 1811. — Voir annexe n° V.

ambition que de rendre à la France son antique prospérité.... de guérir les blessures qu'avait faites une Révolution trop prolongée.... Le vainqueur de Marengo a
rempli ses promesses.

Dans votre dernière session, vous avez exprimé votre
sollicitude sur le régime et la division des maisons d'arrêt.... J'ai concouru, avec l'administration locale, à leur
salubrité, à la moralité des agents, en adoucissant le
sort des prévenus par les facilités que la loi ne réprouve
pas et que l'humanité commande. Mais tous mes efforts
seront superflus tant que les principaux obstacles naitront
du défaut d'emplacement. Je prie le conseil de me secon-
der pour obtenir du gouvernement l'exécution d'un plan
indispensable qui facilitera la séparation des criminels,
des prévenus de délits et des débiteurs, et donnera les
moyens d'améliorer, par le travail, le sort des prisonniers.

Le chef-lieu de la préfecture est devenu le siège d'un
des premiers tribunaux dans l'ordre judiciaire. L'emplacement, qui devait lui être consacré ainsi qu'aux tribunaux criminel et de première instance, a fixé mon attention. J'ai demandé et obtenu du gouvernement des fonds
pour les réparations à faire d'après les plans des ingénieurs. L'économie commandée par les circonstances n'a
pas permis d'accorder tous les fonds indispensables, mais
on peut prévoir que bientôt les fonds seront accordés
pour que le tribunal de première instance soit dans un
local convenable......

Vive Bonaparte, le sauveur et l'espoir de la République; il nous est permis de voter pour qu'il conserve
pendant sa vie un pouvoir dont il n'use que pour notre
bonheur.. .

(Procès-verbaux du Conseil général.)

III. — Sommaire indicatif des achats d'immeubles pour le Palais et les prisons modernes.

I. — ACHATS POUR LE PALAIS DE JUSTICE

Par le département :

13 FLORÉAL AN XIII. — IMMEUBLE COURBIS. (1)

1° Une *maison* acquise par Courbis de M. Tempié (2), en 1785, qui la tenait lui-même des sœurs de la Miséricorde ;

2° *Jardin* ayant appartenu à la ci-devant commune, adjugé, le 9 germinal an II, à Courbis ;

3° *Terrain* acquis par Courbis de la commune, en exécution de l'arrêt du Conseil du 5 septembre 1786, sur lequel ledit Courbis avait commencé à faire bâtir.

Le tout attenant et confrontant, du *levant*, inclinant un peu au nord, le terrain acquis de ladite commune par le sieur Loyson, vacant servant de passage au Palais de Justice entre eux ; du *nord*, ledit Palais de Justice ; du *couchant*, rue dite du Palais (3) ; du *midi*, le chemin public (4), trottoir entre deux, de la contenance, le tout, de 731 mètres. Prix : 16.124 francs. (Notaire Carrière.)

Par l'État :

30 SEPTEMBRE 1836. — IMMEUBLE HENRY.

Maison et terrain à la section 8, *rue Régale*, appartenant à Henry, cordonnier, confrontant, du *levant*, la rue Régale ; du *couchant*, le Palais de Justice ; du *nord*, M. Tempié ; du *midi*, M. Galline.

Prix : 15.988 francs. (Notaire Bordarier, étude Renouard actuelle.)

---

(1) Acquis de la veuve, née Henriette Prat.
(2) M. Tempié était le subdélégué de l'intendant.
(3) Rue de l'Audience, du plan de Ménard.
(4) Chemin de Montpellier, actuellement boulevard de l'Esplanade.

2 juin 1838. — Immeuble Galline.

Quittance par Roux, directeur des messageries du Midi, au nom de Galline, entrepreneur des dites messageries, consul de la confédération suisse à Lyon, du montant du prix d'expropriation des *bâtiment et terrain*, confrontant, du *levant*, la rue Régale ; du *midi*, le boulevard de l'Esplanade ; du *couchant*, le Palais de Justice ; du *nord*, Henry.

Acquis par Galline, le 13 avril 1826, de Lafont, ancien perruquier.

Adjugé à Lafont, suivant jugement du tribunal de Nimes en date du 29 mars 1819, comme dépendant de la succession de la veuve Lamouroux née Loyson.

Acquis par Loyson, maçon, le 30 octobre 1792, par acte en la maison commune, en vertu de la loi du 10 août 1791.

Prix : 100.425 francs. (Notaire Bordarier.) (1)

II. — ACHATS POUR LES PRISONS

Par le département :

11 aout 1824. — Immeuble Rouvière-Novy

Maison, cour ou porche sur la place du Palais de Justice (2), confrontant, au *midi*, la dite place ; au *levant*, les prisons du Palais ; au *couchant*, Fajon et Gaujoux ; au *nord*, Fajon, les hoirs Pierre Rouvière, et la ruelle des Quatre-Jambes. 216 mètres carrés

Prix : 18.000 francs. (Notaire Gide.)

---

(1) Voir, dans Randon de Grolier, *Bâtiments départementaux*, l'arrêté du Préfet concernant l'expropriation Galline. La décision du jury est du 14 décembre 1837.

La quittance se trouve en expédition authentique aux *Archives départementales*, 5. N. 5; ainsi que copie de l'acte d'achat par Loyson, en 1792 : « 151 toises 3 pieds carrés de terrain, au prix de 16 livres la toise carrée, pour un terrain vis-à-vis la maison qu'il possède à la plateforme (il s'agit de la plateforme de la Couronne), confrontant, du *levant*, le prolongement de la rue Régale ; du *midi*, la promenade longeant l'Esplanade ; du *couchant*, un vacant contigu à l'un des jardins du Palais ; et, du *nord*, maison Loyson.

(2) Cette place était un *plan* fort étroit sur le bord de la rue de l'Audience, vers le côté nord-est des Arènes.

28 mai 1825. — Immeuble Fajon. (1)

Maison confrontant, au *midi* et *levant*, Rouvière-Novy ; au *couchant*, Gaujoux ; au *nord*, ruelle des Quatre-Jambes. 120 mètres carrés.

Prix : 8.000 francs. (Notaire Gide.)

7 juin 1825. — Immeuble demoiselle Jouve.

Maison confrontant, au *midi* et *couchant*, Gaujoux ; au *levant*, Fajon ; au *nord*, ruelle des Quatre-Jambes. 28 mètres carrés.

Prix : 3.000 francs. (Notaire Gide.)

6 septembre 1825. — Immeuble demoiselle Garcin.

Maison confrontant, au *midi* et au *levant*, Gaujoux ; au *couchant*, les Arènes, rue du Palais entre deux ; au *nord*, la ruelle des Quatre-Jambes.

Prix : 24.000 francs. (Notaire Gide.)

16 novembre 1825. — Immeuble Gaujoux.

Maison confrontant, au *midi*, les Arènes, rue du Palais entre deux ; au *couchant*, demoiselle Garcin ; au *levant*, demoiselle Claudine Jouve et Rouvière-Novy ; au *nord*, ruelle des Quatre-Jambes. 500 mètres carrés.

Prix 40.000 francs. (2) (Notaire Gide.)

---

(1) Maison appartenant précédemment à M. Fajon, lieutenant criminel au Présidial, puis président élu au tribunal du district.

La maison Gaujoux, qu'elle confronte, appartenait à la famille de M. Gaujoux, greffier en chef du Présidial, au moment de sa suppression.

C'était, là, un reste du vieux quartier du Palais d'autrefois, habité surtout par des gens de loi.

(2) Ces divers actes sont relatés dans le Recueil de M. l'architecte Randon de Grolier, *Bâtiments départementaux du Gard*. Nimes, Gory, 1894.

L'immeuble Rouvière-Novy était le plus à l'est, au fond de l'impasse des Quatre-Jambes, à côté des prisons, et s'étendait de cette impasse à la rue de l'Audience ; venaient ensuite, de l'est à l'ouest,

IV. — Note sur les droits respectifs de l'Etat et du département quant à la propriété du Palais de Justice.

A plusieurs reprises, les ministres de l'intérieur se sont préoccupés de l'origine des propriétés où siègent les juridictions, des droits respectifs de l'Etat, des départements et des communes, quant à ces propriétés.

A une circulaire, en date du 7 juillet 1814, lui demandant « l'époque à laquelle les bâtiments du Palais de Jus- » tice de Nimes auraient été affectés à leur destination » actuelle et par quel acte », le Préfet du Gard répondait : « De tous temps les tribunaux ont siégé dans ce local. On » sait qu'au XII⁰ siècle, il servait déjà à cet usage ; mais » on ne connaît pas par quel acte il a été affecté à cette » destination. » (1)

*
* *

En 1839, le ministère de l'intérieur demande de nouveau des renseignements à la préfecture du Gard. Une note de l'architecte Bourdon, en date du 18 juin 1839 (2), donne au Préfet les éléments de sa réponse. Elle porte que le Palais se compose, à cette époque, de :

1⁰ Le vieux Palais ou ancienne sénéchaussée de Nimes, bâtiment de deux étages, ayant une contenance de 288 mètres environ, évalué 35.000 francs ; ce bâtiment ancien a été réuni aux constructions neuves faites sous l'Empire ;

2⁰ Le nouveau Palais (3) sur l'emplacement de l'immeuble Courbis, d'une contenance de 2.212 mètres carrés,

*
* *

les maisons Fajon et Jouve sur l'impasse, le vaste immeuble Gaujoux et enfin la maison Garcin.

Si, aux 93.000 francs d'achats d'immeubles, on ajoute les 114.000 francs de l'adjudication des travaux (février 1825), on a, pour le coût initial de la Maison d'arrêt, le chiffre de 207.000 francs.

(1) *Archives départementales*, 5. N. 12.

(2) *Archives départementales*, 5. N. 22.

(3) Celui de l'Empire, édifié par Charles Durand.

évalué 315.000 francs, dont 205.000 pour la cour d'appel, 145.000 pour les assises et les tribunaux ;

3° Les constructions en cours sur les terrains Henry et Galline, qui ajouteront environ 984 mètres carrés.

*
* *

Une autre note indique que les *bâtiments de la cour d'appel* devront être inscrits sur le tableau des *propriétés de l'Etat* dressé en exécution de la loi du 31 janvier 1833, article 9.

Les *bâtiments des assises et des tribunaux* sont *propriété départementale*, en vertu du décret du 9 avril 1811, qui a concédé aux départements la propriété des édifices (1) pour le service des cours et tribunaux.

Une décision du Conseil d'État du 5 décembre 1838 a déclaré que les bâtiments des cours d'appel n'étaient point compris dans la concession du décret de 1811.

*
* *

En 1850, on se préoccupe de savoir à qui appartiendra l'énorme plus-value résultant de l'acquisition des immeubles Henry et Galline, et de l'exécution du plan de Bourdon, à qui incomberont les dépenses d'entretien. (2)

Dans son rapport au Conseil général, session d'août, le Préfet expose que, pour faciliter les comptes des dépenses du Palais récemment construit, « les divers crédits » ouverts par l'État, le département et la commune ont » été appliqués indistinctement, sauf à régler à fin d'entreprise. »

Le rapport ajoute que l'État a pris à sa charge, outre l'acquisition des immeubles Henry et Galline, « l'ensem» ble des constructions d'utilité commune aux services, » telles que l'entrée principale de l'édifice, son péristyle, » sa salle des Pas-perdus. »

(1) L'article 60 § 3 de la loi du 10 août 1871 confirme le décret de 1811.

(2) *Archives départementales*, 5. N. 32. Rapport du Préfet au Conseil général du Gard sur la liquidation des dépenses du Palais de Justice de Nîmes et la répartition de ces dépenses entre l'Etat, le département et la commune.

L'État paraît donc être propriétaire, en même temps que de toute la partie du Palais où est installée la cour d'appel, des constructions communes aux différents services.

Le département est propriétaire de la partie occupée par la cour d'assises, les tribunaux civil et de commerce.

La commune a contribué aux frais de construction sans se réserver aucun droit, notamment pour ses justices de paix.

Mais un plan serait nécessaire pour établir la limite exacte des terrains acquis aux frais de l'État ou du département, et sur lesquels les constructions ont été indistinctement établies (1). Des opérations compliquées devraient avoir lieu, si on voulait faire un règlement détaillé et rigoureux des droits de chacun sur ces constructions. (2)

L'État alloue chaque année d'importants crédits d'entretien qui sont dépensés indistinctement sur l'ensemble de l'édifice. L'intérieur des bâtiments réservés à la cour d'assises et aux tribunaux est entretenu avec une allocation départementale.

Je rappelle que les dépenses du Palais actuel s'élevèrent, d'après la liquidation de 1850, à : 1° pour l'État, 648.979 francs ; 2° pour le département, 90.000 francs ; 3° pour la commune, 28.000 francs. Les honoraires de Bourdon sont portés pour 24.000 francs.

V. — Extrait du procès-verbal de l'installation de la cour impériale de Nismes.

Cejourd'hui 10 juillet 1811, à dix heures du matin, à Nismes.

---

(1) Par exemple, les constructions de la Cour d'appel occupent très vraisemblablement une partie des terrains Courbis appartenant au département.

(2) J'indique, comme pouvant servir éventuellement au levé d'un plan : *Archives départementales*, G. 217. Plan de 1671. — C. 204. Plan de 1771. — 5. N. 12. Plan de 1814. — 5. N. 3. Plan de 1824.

M. le comte Dubois-Dubay, sénateur, commissaire de Sa Majesté impériale et royale pour installer la cour impériale de Nismes, nommé par décret, donné à Saint-Cloud, le 10 juin dernier, ayant été prévenu, par un maitre et deux aides de cérémonies, que les membres nommés par le décret précité, étaient réunis, revêtus de la robe rouge, dans une des salles du Palais de Justice, en exécution de l'article 71 du décret du 6 juillet 1810, et de l'article 2 de celui dudit jour, 10 juin 1811, et que toutes les autorités civiles et militaires de la ville de Nismes, les avocats, les avoués et les chefs des diverses administrations s'y étaient aussi rendus, sur l'invitation qui leur avait été faite, est venu au Palais de Justice, précédé du maitre et de deux aides de cérémonies qui étaient allés le prendre à son hôtel. Une députation composée d'un président, de six conseillers, d'un conseiller auditeur et d'un avocat général, est venue le recevoir, sortant de voiture, au grand escalier, et l'a conduit dans la salle où il a été reçu par la cour, au bruit d'une musique qui avait été placée dans une des tribunes.

M. le Sénateur s'est placé sur un fauteuil qui lui était destiné sur le haut siège.

M. le baron Mayneaud de Pancemont, Premier Président, s'est placé sur un autre fauteuil.

Les Président et conseillers ont pris place sur le haut siège, sur des bancs qui se trouvaient placés à droite et à gauche d'un autel dressé pour y célébrer une messe.

M. le Procureur général, MM. les Avocats généraux, MM. les Substituts du Procureur général ont été placés en face de l'autel sur un bas siège ; M. le Greffier en chef s'est placé sur le bas siège d'un des côtés de la salle.

Les membres de toutes les autorités civiles et militaires, les avocats, les avoués et tous les fonctionnaires étaient dans l'intérieur de la salle. Les tribunes étaient remplies par les autres personnes de la ville invitées.

M. le Sénateur a ordonné aux huissiers d'ouvrir les portes au public.

Une messe du Saint-Esprit a été célébrée par M. Ferrand, curé de l'église Saint-Castor.

La messe finie, M. le Sénateur et tous les membres de la cour qui l'accompagnaient se sont retirés dans une autre salle.

Dans l'intervalle de dix minutes, l'autel a été enlevé et la salle a été disposée pour l'installation.

Le maître et les aides de cérémonies sont venus prévenir M. le Sénateur que tout était prêt.

Il s'est rendu dans la salle, suivi des membres de la cour ; il s'est placé sur le haut siège, au milieu de la salle, dans le fauteuil qui lui était destiné ; M. le Premier Président, également placé sur un fauteuil, était à la gauche de M. le Sénateur ; MM. les Présidents de Chambre, MM. les Conseillers et Conseillers auditeurs étaient rangés des deux côtés, suivant l'ordre de leur nomination ; M. le Procureur général et MM. les Avocats généraux et Substituts occupaient les bas sièges, en face de M. le Sénateur ; M. le Greffier en chef était placé sur le bas siège d'un côté de la salle.

Les membres des autorités civiles et militaires, les fonctionnaires, les personnes invitées et le public étaient restés à leur place.

M. le Sénateur a dit :

« MESSIEURS,

» D'après les ordres de Sa Majesté l'Empereur et Roi, je viens procéder à l'installation de la cour impériale de cette ville. Il m'est d'autant plus satisfaisant d'être, en cette circonstance, près de vous, Messieurs, appelés à la composer, l'organe de sa volonté suprême, qu'elle a pour objet de rendre à l'ordre judiciaire sa considération, et pour but, comme celui de tous ses actes, le bonheur de tous ses peuples et la prospérité de l'Empire..... »

Il charge le greffier de donner lecture du décret nommant les membres de la cour.

Après cette lecture, M. le comte, commissaire de Sa Majesté, assis et couvert, a prononcé un discours dont la teneur suit :

« La Justice, Messieurs, est un des liens les plus forts et les plus essentiels de l'ordre social..... » (Suivent un historique de la Justice..., la critique des Tribunaux de la Révolution...)

« Parut Napoléon ; et comme ce père de la nature entière, en présence duquel, après de longs et rigoureux frimas, elle reprend une nouvelle vie et se pare d'un nouvel éclat, en sa présence, aussi, la France semble sortir du néant... » (Suivent des louanges dithyrambiques de l'Empereur...)

Il invite les magistrats « à faire renaître les beaux jours des Lamoignon, des L'Hôpital, des d'Aguesseau', des Séguier... qui ont illustré le corps de la magistrature... »

Un cri de vive l'Empereur! Vivent l'Impératrice et le roi de Rome ! s'est fait entendre de toutes les parties de la salle.

M. le Greffier fait l'appel nominal des magistrats.

Tous, individuellement, debouts et découverts, en se tournant vers M. le Sénateur, ont prêté serment, en prononçant : « *Je jure obéissance aux constitutions de l'Empire et fidélité à Sa Majesté l'Empereur et Roi.* »

M. le Commissaire de Sa Majesté a donné acte de cette prestation de serment et a prononcé : « *Je déclare au nom de Sa Majesté l'Empereur et Roi, et par le pouvoir qu'elle m'a donné, que la cour impériale de Nismes est constituée.* »

Le Premier Président et le Procureur général prononcent chacun des discours dont le texte est rapporté au procès-verbal et dont chacun est suivi des mêmes cris en l'honneur de la famille impériale.

M. le sénateur exprime, en terminant, la satisfaction qu'il a éprouvée en venant dans sa sénatorerie de Nismes...

Il a ensuite prononcé : « J'ordonne que le procès-verbal de la séance sera transmis par M. le Procureur général à Son Excellence Monseigneur le duc de Massa, grand juge, ministre de la justice, qu'il sera envoyé à tous les tribunaux de première instance du ressort, pour y être lu et enregistré à la diligence du Procureur général et des Procureurs impériaux ; j'ordonne enfin qu'extrait de ce procès-verbal sera publié et affiché dans tous les chefs-lieux d'arrondissement et chefs-lieux de canton, et qu'il en sera fait une annonce dans les journaux des départements du ressort.

M. le Sénateur a levé la séance et s'est retiré accompagné comme à son entrée.

Dubois-Dubay, *signé.*

Bruyère, greffier en chef, *signé.*

(*Mention manuscrite.*)   *Pour copie conforme :*

Bruyère, greffier en chef. (1)

(Imprimé de 23 pages avec frontispice gravé à Nismes, chez J. Gaude, imprimeur de la cour impériale.)

1. U. 3. Justice. *Archives départementales.*

VI. — Pose de la première pierre du Palais actuel. — 12 septembre 1838.

Extrait du *Courrier du Gard* du vendredi 14 septembre 1838 (2), chronique locale :

« Avant-hier mercredi, à deux heures après-midi, M. le Préfet a procédé devant de nombreux assistants, hauts fonctionnaires, parmi lesquels nous avons pu remarquer MM. le général baron de Feuchères, Nicot, recteur de l'Académie, Bourdon, architecte départemental..., à la pose de la première pierre du nouveau Palais de Justice. Dans cette pierre a été scellée une boite contenant deux médailles en bronze, une pièce de 5 francs et ses fractions. Les deux médailles en bronze furent frappées : l'une en mémoire du serment de S. M. Louis-Philippe à la Chambre des députés, le 7 août 1830 ; l'autre à l'occasion du mariage de S. A. R. le duc d'Orléans.

(1) Le procès-verbal original, que j'ai retrouvé, est classé au greffe de la cour avec les ampliations des décrets nommant les magistrats. — A ce procès-verbal est jointe l'ampliation du décret daté de Saint-Cloud, 10 juin 1811, qui nomme tout le nouveau personnel de la cour impériale.

(2) Voir, à la Bibliothèque de Nîmes, *Courrier du Gard*, 7ᵉ année, n° 798.

» M. le baron de Jessaint, avant la pose de la pierre, a adressé à ceux qui l'entouraient l'allocution suivante :

» MESSIEURS,

» Fille de la liberté, la civilisation est pour les peuples une mine inépuisable de prospérités... De toutes parts se multiplient ces... immenses travaux qui doivent embellir nos cités...

» Sous un roi qui n'a d'autres pensées que le bonheur de la France, comment l'émulation ne serait-elle pas excitée ? Comment le patriotisme des citoyens et la confiance des capitalistes failliraient-ils au gouvernement, quand il prend l'initiative de tous les projets utiles, quand les larges allocations du trésor viennent prévoir les difficultés d'exécution et répandre partout les encouragements ?

» Les Conseils généraux se sont empressés de s'associer à de si nobles efforts....

» C'est, en effet, Messieurs, aux subventions accordées par le Conseil général, que notre département doit, en grande partie, la dotation du monument dont nous posons aujourd'hui la première pierre, monument non moins digne de la ville où il va s'élever que du haut rang du corps judiciaire auquel il est spécialement destiné.

» La cérémonie qui nous réunit aujourd'hui..... doit apprendre aux siècles futurs que, dans l'ère actuelle, notre belle France s'était placée à la tête de la civilisation européenne, et qu'après avoir rempli le monde de ses victoires, elle jouissait en paix de cette sage liberté qui est le gage le plus certain de la durée comme de la prospérité des empires.

» C'est sous les auspices d'un roi constitutionnel que je vais sceller le coffre qui doit renfermer les médailles et le procès-verbal destiné à constater l'édification du Palais de Justice dont les fondements sont sous nos yeux. Puisse la dynastie de Juillet se perpétuer d'âge en âge !.... »

VII. — Notices biographiques sur les architectes et les artistes.

1. — CHARLES DURAND , ARCHITECTE.

D'après la notice biographique qui a été consacrée à l'architecte du *Palais de l'Empire* par M. Eyssette (1), président de l'Académie de Nimes, Charles Durand serait né, à Montpellier, en 1762. Son père était greffier en chef du Présidial de cette ville. Doué d'une très précoce intelligence, dès l'âge de dix-neuf ans, il était architecte de la maîtrise des eaux et forêts ; à vingt ans , professeur d'architecture à l'Académie de Montpellier. Devenu ingénieur de la province de Languedoc, il concourut aux travaux de la croisée du Lez avec le canal des étangs, ordonnés par les derniers États de Languedoc.

En 1792, l'organisation du génie civil par le gouvernement révolutionnaire l'appela à Saint-Hippolyte, dans le Gard , comme ingénieur d'arrondissement. Quelques années après, le 14 floréal an VIII, à l'âge de trente-huit ans, il obtenait le poste de Nimes. Il se fixait dans cette ville qu'il ne devait plus quitter et s'y mariait. Presque aussitôt, il avait à s'occuper des plans demandés pour la rénovation du Palais de Justice. Ce fut son œuvre principale.

Deux ans après l'inauguration du Palais, en 1811, il édifiait l'hôpital général de Nimes. La transformation de cet édifice en lycée a laissé subsister sa façade principale sur le boulevard Victor-Hugo actuel. Elle est remarquable par sa longue ligne de bas-reliefs ornant la frise.

Parmi les autres travaux de Charles Durand, on cite : le pont de Saint-Laurent-sur-l'Hérault, à la bifurcation de la route de Ganges au Vigan et à Valleraugue, dont l'arche unique surbaissée est d'une élégante hardiesse ;

(1) Notice biographique sur M. Charles Durand, lue à l'Académie royale du Gard, le 15 novembre 1841, par M. Ph. Eyssette, président de l'Académie. Volume de 1838-1841, p. 283.

la digue en pierres sur le Rhône à Beaucaire ; d'importants ouvrages pour la navigation entre le port d'Aigues-Mortes et le Grau-du-Roi.

Une note au *Journal du Gard*, en date du 9 avril 1807, signée Sabonadière, attribue à Charles Durand un projet « *du Château-Trompette*, à Bordeaux, qui lui valut le prix proposé ». Mais l'auteur de cette note a été sans doute induit en erreur, à cet égard, par une homonymie. (1)

Nous avons fait connaitre (Palais de l'Empire, p. 81) dans quelles circonstances Charles Durand abandonna ses fonctions d'architecte départemental pour se consacrer plus particulièrement à celles d'architecte de la ville de Nimes. C'est en cette qualité qu'il s'occupa de la restauration des monuments antiques : Maison-Carrée, Amphithéâtre, qu'il traça le plan de la rue Auguste, et celui des plantations entre la Fontaine et la Tour-Magne (2) sous l'administration de l'ancien procureur général Cavalier, devenu maire de Nimes.

C'était un artiste plein d'imagination, adonné à l'étude des antiquités gréco-romaines. D'après ce que nous a rapporté M. l'architecte Allard, notre confrère à l'Académie, il avait conçu un projet qui aurait reconstitué à Nimes comme une sorte de quartier romain allant de la Maison-Carrée au sommet de la colline que couronne le Fort. A cette citadelle aurait été substitué un Capitole où

(1) D'après des renseignements qui m'ont été fournis par M. l'archiviste Brutails, de la Gironde, le projet pour « le Château-Trompette », à Bordeaux, était de Louis, l'architecte du théâtre de Bordeaux. L'erreur de Sabonadière provient de ce que Louis avait, pour « appareilleur », Gabriel Durand, né en 1750 au diocèse de Bayeux. Un petit-fils de ce Gabriel Durand existait à Bordeaux en 1879, et s'appelait Charles Durand, comme l'architecte nimois. Il a écrit, dans les *Actes de l'Académie de Bordeaux*, 1879, p. 117 et seq., une biographie de son grand-père. Je n'ai pu retrouver ses traces en 1900. Voir, quant au « Château-Trompette » de Bordeaux, l'ouvrage de MARIONNEAU sur *Victor Louis, architecte*. Bordeaux, 1881. Louis fut, on le sait, l'architecte du Théâtre Français.

(2) Voir RIVOIRE, *Statistique du Gard*, t. II, p. 665.

l'on serait monté par d'immenses rampes aux larges degrés, entrecoupées de paliers décorés de statues.

Un manuscrit (1) qu'a laissé Charles Durand est illustré de dessins à la plume représentant de superbes architectures dans le goût antique : des temples, des ponts, des églises, «'un pont triomphal », « un palais public », tous ornés d'abondantes colonnades justifiant le surnom de « *Durand colonne* » qu'on avait donné à l'auteur du *Palais de l'Empire*, pour le distinguer de ses nombreux homonymes. Il y a encore des « *colonnes astronomiques* », des « *colonnes chronologiques* », des « *colonnes funéraires* », des « *colonnes phosphoriques* » (phares porte-lumière).

D'après un rapport de 1808, œuvre de M. Trélis, secrétaire perpétuel de l'Académie de Nimes, (2) Charles Durand, qui fut membre et président de cette Académie, aurait composé un remarquable mémoire « *sur l'application de l'architecture antique aux édifices modernes* ». Un autre rapport de 1822 (3) mentionne les travaux de Charles Durand. Le volume des *Mémoires de l'Académie* de 1834 contient son *discours sur l'utilité des Beaux-Arts.*

L'architecte du *Palais de l'Empire* occupa les loisirs de sa retraite à étudier deux grands projets : un canal de navigation d'Alais à Nimes et à la mer, qui fut approuvé

(1) Manuscrit en deux volumes in-4º. Cet ouvrage, que j'ai examiné à la bibliothèque de l'Académie de Nimes, où il était déposé, en mai 1900, et que je n'y ai pas retrouvé depuis, a pour titre : « *Cours d'architecture pour l'Ecole des ponts et chaussées de Montpellier* », par Durand, professeur d'architecture à la dite école. Il est d'une magnifique écriture et porte en note, à la première page du deuxième volume : « mis au net en 1791 ». C'est à la fin du deuxième volume que sont les illustrations. La date indique que c'est une œuvre de la jeunesse de Charles Durand.

(2) *Mémoires de l'Académie de Nimes*, année 1808, p. 439.

(3) *Mémoires de l'Académie de Nimes*, volume de 1812 à 1822, 2º partie, p. 11, année 1822. Durand y est qualifié de « ex-ingénieur de l'arrondissement de Nimes ».

avec éloges par le Conseil royal des ponts et chaussées ;
une adduction d'eaux à Nimes.

Nous avons dit qu'il mourut en 1840. Il avait, à cette
date, 78 ans. Les deux fils qu'il laissa furent l'un, Charles
Durand, un littérateur distingué ; l'autre, Henri Durand,
un ingénieur qui s'inspira des traditions paternelles. L'un
et l'autre sont morts sans enfants. (1)

*
* *

Parmi les livres qui mentionnèrent les œuvres architecturales de Charles Durand, comme méritant d'attirer
l'attention des visiteurs aux monuments de Nimes, nous
citerons : *Le Voyage dans le Midi de la France*, de
Pigault-Lebrun et Augier (2), paru en 1827. « Deux monuments modernes fixent à Nimes l'attention du voya-
geur : Le Palais de Justice, et l'Hôpital général. On les
doit au talent très distingué de M. Durand. » — *La
France pittoresque*, d'Abel Hugo, ancien officier d'état-
major, frère du grand poète (Paris, Delloye, 1833), t. II,
p. 36. « Parmi les monuments modernes... le Palais de
Justice construit en 1808 et dont la façade est une copie
des célèbres Propylées d'Athènes, l'Hôpital général qui
présente une belle ligne d'architecture. »

*
* *

Michel Nicolas (*Histoire des artistes du Gard*, p. 176),
Michel Albin, *Rues de Nimes* (v° Rue Régale, p. 289 et
seq.), Pieyre (*Histoire de Nimes*, tome I, p. 53), disent
que le plan de la façade du Palais de Justice de Charles

---

(1) Voir, sur eux, Michel Nicolas, *Histoire des artistes du Gard*,
dans la biographie de Charles Durand, p. 179. — Pieyre, *Histoire
de Nimes*, t. II, p. 59.

(2) Pigault-Lebrun, qui n'est plus cité que comme romancier, est
l'auteur d'une *Histoire de France* en huit volumes pour laquelle
il se documenta en voyageant. Son *Voyage dans le Midi* fut accom-
pli en compagnie de son gendre, père d'Emile Augier. L'auteur du
Gendre de M. Poirier, alors âgé de sept ans, visita Nimes avec
ses parents.

Durand fut inséré dans le *Recueil des modèles du cours d'architecture de l'Ecole polytechnique*. Nous avons vainement demandé ce recueil, soit à la Bibliothèque nationale, soit à l'Ecole polytechnique, pour contrôler les assertions des auteurs. (1)

2. — GASTON BOURDON, ARCHITECTE.

Né à Vincennes, près Paris, en 1801. Elève de Regnault et Debret, fut reçu à l'Ecole des Beaux-Arts de Paris, section d'architecture, le 31 juillet 1821, quatrième sur dix-sept candidats. Il obtenait : en 1822, une mention pour un projet de « bourse maritime » ; des premières mentions, en 1823, pour une esquisse de « glacière » ; en 1824, pour un plan « d'école de village » ; en 1825, pour un projet de « piscine ». A la suite de ces succès, il était admis dans la première division de la section. En avril 1829, il était classé sixième au deuxième concours d'essai pour le grand prix de Rome.

A sa sortie de l'Ecole des Beaux-Arts, il devint architecte départemental de la Lozère, à Mende. L'année d'après, un arrêté du ministre de l'intérieur, en date du 18 juin 1828, le nomma architecte du département du Gard, en résidence à Nimes. Il était fiancé à la fille de son prédécesseur, Simon Durant, et l'épousait bientôt. (2)

L'édification du Palais de Justice à Nimes ne tarda pas à devenir le but principal de son activité. Il chargea

(1) Le catalogue de la librairie ancienne Duplenne mentionnait récemment, sous le n° 8242 et sous le titre : DURAND (J.-N.-L.), *Précis des leçons d'architecture données à l'Ecole polytechnique*, 3 vol., Paris, 1802-1821, in-4°, 99 planches doubles, un ouvrage qui doit être le recueil auquel Michel Nicolas et les autres auteurs font allusion. Mais cet ouvrage, connu parmi les architectes sous le nom de « Grand Durand », était déjà vendu quand nous l'avons demandé au libraire. M. Germer-Durand, architecte départemental de la Lozère, nous l'avait signalé.

(2) Mlle Marguerite Fanny Durant, fille de l'architecte Simon Durant et de Mme Simon Durant, née Fanny de Girard.

des sculptures de cet édifice Paul Colin, qu'il avait connu à l'Ecole des Beaux-Arts, à Paris.

En même temps que cette œuvre, il menait de front les travaux de nombreux édifices publics et privés : les temples de Gallargues, Beauvoisin et Générac, vers 1831 ; les fontaines de Saint-Ambroix (1832); les églises de Bagnols (1841), de Remoulins ; les mairies de Vauvert et de Génolhac ; la tour de l'horloge de Lédenon (1844); les églises de Rochefort (1846), de Sommières (1849) ; un projet d'hôtel de ville pour Avignon; à Nimes, les maisons Meynadier, de Meyrueis, Boucoiran, docteur Fontaine, et celles déjà mentionnées (*Palais actuel*, p. 102, *Edification*).

Nous avons dit (*Palais actuel, Edification*, p. 104) comment Bourdon surmené, à la suite d'excès de travail, devint malade, perdit l'usage de ses facultés, dut prématurément abandonner ses fonctions, vers la fin de 1849. Il mourut en 1854.

Son *Palais de Justice* est cité par la plupart des *Guides* comme le plus beau des édifices modernes nimois. Adolphe Joanne, dans sa *Géographie du Gard*, édition 1896, mentionne « le beau fronton et la magnifique colonnade de son portique ».

Gaston Bourdon laissa deux fils et deux filles. L'ainé des fils, après une brillante carrière militaire, qui lui valut le grade de général, est décédé à Paris, en 1896. Le second, M. Jules Henri Bourdon, qui embrassa aussi la carrière des armes, a pris sa retraite comme commandant d'artillerie, et est actuellement ingénieur aux anciens établissements Hotchkiss (fabrique d'armes), à Paris ; un de ses enfants, ancien élève de l'Ecole polytechnique, appartient aussi à l'armée en qualité d'officier d'artillerie, honore et perpétue le nom de l'architecte du Palais de Justice. (1)

(1) Nous devons ces renseignements biographiques, sur Bourdon et sa famille, à M. le commandant en retraite Bourdon, 57, rue Pigalle, à Paris ; à M. le général Bertrand, et à M. l'architecte Allard, nos confrères à l'Académie ; à M. Germer-Durand, architecte départemental de la Lozère, à Mende, membre non résidant de notre Compagnie.

3. — NUMA BOUCOIRAN, peintre.

Né à Nimes, le 24 mai 1805, fut un des premiers élèves formés par l'Ecole de dessin nimoise. En 1825, sorti de cette école, il alla à Paris continuer ses études de peinture. Sigalon l'admit parmi ses élèves et l'emmena avec lui, à Rome, en 1833, pour collaborer à une copie du *Jugement dernier*, de Michel-Ange, dont il avait été chargé par M. Thiers, alors ministre. Le séjour de Boucoiran à Rome se prolongea jusqu'en 1839. Après la mort de Sigalon, il avait copié les pendentifs de la chapelle Sixtine pour l'Ecole des Beaux-Arts de Paris. (1)

Revenu à Nimes, célèbre par le succès de cette copie, Boucoiran était sollicité de se rendre à Paris. Il préféra se fixer dans sa ville natale à laquelle il était profondément attaché. La direction de l'Ecole de dessin étant vacante, elle lui fut offerte par M. le maire Girard. Il l'accepta et s'y consacra avec un dévoûment qui ne se ralentit jamais. Mais ces fonctions ne l'absorbèrent point tout entier. Il peignit de nombreux tableaux qui figurèrent aux salons de peinture de Paris, aux expositions de Nimes, Montpellier, Marseille.

Parmi ses œuvres : *la Vierge au rosaire* pour l'église d'Uzès, *la Vierge aux pêcheurs* pour la chapelle du Grau-du-Roi, *Henri IV*, *Louis XIV*, *Napoléon I*er pour l'hôtel de ville de Nimes, un *Episode de la peste de Rome* qui appartient au musée de Nimes, la *Mort de Lucrèce*, 1854, la *Consultation*, 1856, des portraits de notabilités nimoises, remarquables par leur coloris et leur expression, notamment celui de M. Alphonse Boyer, très admiré à l'exposition de Nimes de 1852. Nous avons vu qu'il composa les peintures du Palais de Justice de Nimes.

Boucoiran habitait, sur la fin de ses jours, avec sa sœur, la maison de l'avenue Feuchères (2), entre la rue Jeanne-

____

(1) V. P. Clauzel, *Sigalon (Xavier)*, Congrès des Beaux-Arts (1900), p. 594 et seq..

(2) N° 4 de l'avenue Feuchères.

d'Arc et la maison Bézard, où est actuellement l'*Hôtel des Colonies*, édifice élevé suivant le plan de Bourdon, l'architecte du Palais de Justice. Il mourut le 2 mars 1875. (1)

4. — PAUL COLIN, sculpteur.

Né à Paris en 1801, mort à Nimes en 1873. Elève du sculpteur Bosio, il remporta, en 1823, tous les premiers prix à la section de sculpture de l'Ecole des Beaux-Arts de Paris. Marié, à Paris, avec une fille du sculpteur Romagnesi, il travailla avec cet artiste à la décoration du Palais-Bourbon, de Notre-Dame de Lorette, puis du Grand-Théâtre de Lyon.

En 1836, tandis que son frère dirigeait l'Ecole de dessin de Nimes, Paul Colin y fut appelé comme professeur de sculpture et d'ornementation. Pradier le choisit comme collaborateur pour les œuvres dont il avait été chargé par la municipalité nimoise.

Paul Colin, outre les sculptures qu'il exécuta, comme nous l'avons dit, au Palais de Justice de l'architecte Gaston Bourdon, fut l'auteur d'autres très nombreux travaux d'ornementation, à l'église Saint-Paul, à l'église Sainte-Perpétue, à la Préfecture du Gard, au tombeau de l'évêque Cart. On lui doit aussi une partie des sculptures du Palais de Justice de Montpellier et de l'Hôtel de Ville d'Avignon.

Le sculpteur Bosc, auteur de la statue de Reboul au jardin de la Fontaine, était un de ses élèves.

Paul Colin perdit prématurément ses deux fils, l'un, sculpteur, l'autre, architecte, au moment où leur talent paraissait leur promettre un bel avenir. (2)

(1) Voir MICHEL NICOLAS, *Histoire des artistes du Gard*, p. 99 et seq., et PIEYRE, *Histoire de Nimes*, t. III, p. 211 et seq.

(2) Voir MICHEL NICOLAS, *Histoire des artistes du Gard*, Nimes, Ballivet, 1859, p. 155 et seq., et PIEYRE, *Histoire de Nimes*, t. II, p. 216, et t. III, p. 177.

VIII. — Tableau des magistrats de la Cour d'appel depuis 1811. (1)

Premier Président.

1. Baron Meyneaud de Pancemont (2). — **2.** 1818, Cassaignoles. — **3.** 1833, De Daunant. — **4.** 1848, Teulon. — **5.** 1863, Goirand de Labaume. — **6.** 1868, Gouazé. — **7.** 1890, Fabre. — **8.** 1898, Nadal. (3)

Président de Chambre.

1. De Forton (4). — **2.** 1818, Thourel. — **3.** 1835, Vignolles. — **4.** 1847, Fornier de Clausonne. — **5.** 1866, Pelon. — **6.** 1881, Dautheville. — **7.** 1886, Pontois. — **8.** 1888, Landry. — **9.** 1896, Girard. — **10.** 1896, Fermaud. (5)

Président de Chambre.

1. Gamon (6). — **2.** 1814, Fornier de Clausonne. — **3.** 1826, Fajon. — **4.** 1839, Thourel Léon. — **5.** 1849, Lapierre. — **6.** 1860, Liquier. — **7.** 1868, Tailhand. (7)

(1) Ce tableau a été publié par M. le conseiller Fajon (*Juridictions supérieures de Nimes*) pour la période de 1811 à 1868.

Les magistrats composant la cour d'appel, lors de sa création, furent nommés par décret impérial daté de Saint-Cloud, 10 juin 1811. La cour reçut, à cette époque, le titre de cour impériale. Elle succédait à la cour d'appel qui avait continué le tribunal d'appel de l'an VIII.

Nous avons indiqué, en notes, les fonctions immédiatement antérieures des premiers magistrats de la cour et de ceux qui occupent actuellement leurs places.

(2) Baron Meyneaud de Pancemont, président à la cour d'appel et maitre des requêtes au Conseil d'Etat.

(3) Nadal, procureur général à la cour d'appel de Nimes.

(4) De Forton, ancien président à la Cour des comptes, aides et finances de Montpellier.

(5) Fermaud, avocat général à la cour d'appel de Nimes.

(6) Gamon, président de la cour criminelle de l'Ardèche.

(7) Tailhand, ministre de la justice, poste supprimé en 1874 (loi du 3 juillet 1873).

Président de Chambre.

1. Noailles (1). — **2.** 1819, Colonna d'Istria. — **3.** 1823, De Trinquelague. — **4.** 1850, Troplong. — **5.** 1852, Goirand de Labaume. — **6.** 1863, Teissonnière. — **7.** 1876, Guiraud. — **8.** 1878, Auzolle. — **9.** 1883, Chaloupin. — **10.** 1890, Chamontin. — **11.** 1896, Durand. (2)

Premier Conseiller.

1. Soustelle (3). — **2.** 1819, Vézin-Monrepos. — **3.** 1821, Ferrand de Missol. — **4.** 1852, Fajon. — **5.** 1875, Redon. — **6.** 1876, Moulin. — **7.** 1887, Bory. — **8.** 1888, Nouvion. (4)

Deuxième Conseiller.

1. Olivier (5). — **2.** 1819, Olivier fils. — **3.** 1855, Royol. — **4.** 1864, Blanchard. — **5.** 1873, Second. — **6.** 1883, De Lamarche. (6)

Troisième Conseiller.

1. Cottier (7). — **2.** 1819, Vignolles. — **3.** 1834, De Lablanque. — **4.** 1873, Gollety. — **5.** 1873, De Villemejane. — **6.** 1879, Gizolme. (8)

Quatrième Conseiller.

1. Martin-Lasalce (9). — **2.** 1819, Tinland de Rochevive. — **3.** 1821, de Trinquelague fils. — **4.** 1823, Du Tillet de Vilars. — **5.** 1823, de Lasfond. — **6.** 1853, Teissonnière. — **7.** 1863, Escalier de Ladevèze. — **8.** 1871, Boissier. (10)

(1) Noailles, juge à la cour d'appel de Nimes.
(2) Durand, président du tribunal de Narbonne.
(3) Soustelle, président de la cour criminelle du Gard.
(4) Nouvion, président du tribunal d'Alais.
(5) Olivier, juge à la cour d'appel de Nimes.
(6) De Lamarche, avocat à la cour d'appel de Nimes.
(7) Cottier, juge à la cour d'appel de Nimes.
(8) Gizolme, préfet du Gard.
(9) Martin-Lasalce, juge à la cour d'appel de Nimes.
(10) Boissier, mis à la retraite, poste supprimé (loi du 30 août 1883).

Cinquième Conseiller.

1. Laporte-Belviala (1). — **2.** 1819, Blanchard. — **3.** 1830, Garilhe. — **4.** 1840, Chazot. — **5.** 1854, Privat fils. — **6.** 1854, Devèze-Biron. — **7.** 1867, Dautheville. — **8.** 1881, Chamontin. — **9.** 1890, Jaudon. — **10.** 1892, Grasset. — **11.** 1893, Galzin. (2)

Sixième Conseiller.

1. Fornier de Clausonne (3). — **2.** 1814, Noailles fils. — **3.** 1819, Gros. — **4.** 1827, Laporte-Belviala. — **5.** 1858, Roussel-Ducamp. — **6.** 1865, Reyne. — **7.** 1871, Paradan. — **8.** 1881, Cabrol. — **9.** 1899, Abel. (4)

Septième Conseiller.

1. Chomel (5). — **2.** 1819, Jourdan. — **3.** 1823, D'Amoreux. — **4.** 1830, Lombard. — **5.** 1834, Maigron. — **6.** 1868, Peyron. — **7.** 1888, Coulon. — **8.** 1891, Jouve. (6)

Huitième Conseiller.

1. Vérot (7). — **2.** 1828, Louvrier. — **3.** 1860, Pelon. — **4.** 1866, De Rouville. — **5.** 1885, Cambon. (8)

Neuvième Conseiller.

1. Vigier (9). — **2.** 1834, Ignon. — **3.** 1862, Fabre. — **4.** 1865, Roussel. — **5.** 1876, Mathieu. (10)

(1) Laporte-Belviala, juge à la cour d'appel de Nîmes.

(2) Galzin, procureur de la République à Carpentras, Cahors et Perpignan.

(3) Fornier de Clausonne, juge à la cour d'appel de Nîmes.

(4) Abel, ancien député du Var et conseiller à la cour d'appel de Riom.

(5) Chomel, juge à la cour d'appel de Nîmes.

(6) Jouve, substitut du Procureur général à Nîmes et Procureur de la République à Perpignan.

(7) Vérot, juge à la cour d'appel de Nîmes.

(8) Cambon, conseiller de préfecture du Gard.

(9) Vigier, juge à la cour d'appel de Nîmes.

(10) Mathieu, mis à la retraite, poste supprimé (loi du 30 août 1883).

DIXIÈME CONSEILLER.

1. Rabaniol de la Boissière (1). — **2.** 1834, Goirand de la Baume fils. — **3.** 1852, Maurin. — **4.** 1872, De Neyremand. — **5.** 1894, Jaffard. — **6.** 1895, Chamand. (2)

ONZIÈME CONSEILLER.

1. Planchu de la Cassagne (3). — **2.** 1819, Rédier de la Vilate. — **3.** 1839, Larnac. — **4.** 1853, Ponsinet. — **5.** 1864, Perrot. — **6.** 1877, Cambon de la Valette. (4)

DOUZIÈME CONSEILLER.

1. Baron (5). — **2.** 1819, Gide père. — **3.** 1835, Marquès-Duluc. — **4.** 1867, Guiraud. — **5.** 1876, Bolze. — **6.** 1894, Chataigner. (6)

TREIZIÈME CONSEILLER.

1. Maubec (7). — **2.** 1819, Vernethe. — **3.** 1823, Gaud. — **4.** 1831, Roussellier. — **5.** 1869, Faudon. — **5.** 1883, Mathieu. — **7.** 1885, De Rocca-Serra. (8)

QUATORZIÈME CONSEILLER.

1. Amoreux (9). — **2.** 1819, Gillaizeau. — **3.** 1828, Lapierre. — **4.** 1831, Thourel fils. — **5.** 1849, De Trinquelague-Dions. — **6.** 1873, Berthezène. — **7.** 1882, Teulon-Valio. — **8.** 1897, Lavondès. (10)

---

(1) Rabaniol de la Boissière, ancien avocat général au Parlement de Grenoble.

(2) Chamand, juge au tribunal de Marseille.

(3) Planchu de la Cassagne, ancien conseiller au Conseil supérieur de Nimes.

(4) Cambon de la Valette, mis à la retraite, poste supprimé (loi du 30 août 1883).

(5) Baron, ancien conseiller à la cour des aides de Montpellier.

(6) Chataigner, procureur de la République à Alais.

(7) Maubec, ancien conseiller à la cour des aides de Montpellier.

(8) De Rocca-Serra, substitut du procureur général à Agen.

(9) Amoreux, ancien conseiller à la cour des aides de Montpellier.

(10) Lavondès, juge au tribunal de Marseille.

Quinzième Conseiller.

1. Moynier du Bourg (1). — **2.** 1813, Madier de Montjau.
3. 1830, De Sévin. — **4.** 1835, Védrines. — **5.** 1839, Teulon. — **6.** 1848, Salles. — **7.** 1852, Rivière de Larque. —
8. 1872, De Bressy. (2)

Seizième Conseiller.

1. Roustan (3). — **2.** 1828, Fornier de Clausonne. —
3. 1847, Baragnon. — **4.** 1866, Fornier de Mairard. —
5. 1873, Cord. — **6.** 1888, Agie. — **7.** 1888, Reynaud. —
8. 1891, Suzanne. — **9.** 1891, Birot-Letourneux. —
10. 1891, Mariani. — **11.** 1899, Boissière. (4)

Dix-septième Conseiller.

1. Fajon (5). — **2.** 1826, Vitalis. — **3.** 1866, Fayet. —
4. 1881, Teulon Paul. (6)

Dix-huitième Conseiller.

1. Dupin (7). — **2.** 1837, Correnson. — **3.** 1871, De Giry.
— **3.** 1875, Pansier. (8)

Dix-neuvième Conseiller.

1. Bazille (9). — **2.** 1818, De Daunant. — **3.** 1833, Privat père. — **4.** 1852, Tailhand. — **5.** 1869, Coste. —

(1) Moynier du Bourg, président de la cour criminelle de Vaucluse.

(2) De Bressy, mis à la retraite, poste supprimé (loi du 30 avril 1883).

(3) Roustan, ancien conseiller au Présidial, juge au tribunal de Nimes.

(4) Boissière, procureur de la République à Avignon et conseiller à la cour d'appel de Riom.

(5) Fajon, juge auditeur à la cour d'appel de Nimes.

(6) Teulon (Paul), substitut au tribunal d'Alais et procureur de la République à Aix,

(7) Dupin, juge suppléant au tribunal de Nimes.

(8) Pansier, mis à la retraite, poste supprimé (loi du 30 août 1883).

(9) Bazille, avocat.

6. 1871, Viguier. — **7.** 1876, Alméras-Latour. — **8.** 1877, Ronssin. — **9.** 1881, Anselme. — **10.** 1883, Landry. — **11.** 1888, Fabiani. (1)

Vingtième Conseiller.

1. Fargeon (2). — **2.** 1831, Lartet. — **3.** 1848, Casabianca. — **4.** 1874, Fornier de Clausonne. — **5.** 1885, Roche. — **6.** 1894, Guibal. (3)

Procureur Général.

1. Cavalier (4). — **2.** 1816, de Bernard. — **3.** 1818, Guillet. — **4.** 1830, Viger. — **5.** 1834, Capin. — **6.** 1836, De la Tournelle. — **7.** 1839, D'Aguenet. — **8.** 1839, Gonet. — **9.** 1842, Plougoulm. — **10.** 1843, Dufaur-Montfaur. — **11.** 1844, Blanchet. — **12.** 1847, Ressigeac. — **13.** 1848, Combier. — **14.** 1848, Thourel. — **15.** 1863, Paul. — **16.** 1866, Gouazé. — **17.** 1868, Villedieu. — **18.** 1870, Colonna d'Istria. — **19.** 1873, De Vaulx. — **20.** 1878, Babled. — **21.** 1879, Geneste. — **22.** 1880, Tappie. — **23.** 1881, Fabreguette. — **24.** 1882, Candellé-Bayle. — **25.** 1891, Garas. — **26.** 1893, Nadal. — **27.** 1898, Loubat. — **28.** 1899, Blaignan. (5)

Avocat Général.

1. Trinquelague père (6). — **2.** 1814, Enjalric. — **3.** 1830, Lobinhes. — **4.** 1833, De Bernardy. — **5.** 1844, Liquier. — **6.** 1860, Mestre. — **7.** 1864, De Vaulx. — **8.** 1867, Serre. — **9.** 1875, Roussellier. — **10.** 1880, Dubron. — **11.** 1880, Cazenavette. — **12.** 1886, Fermaud. — **13.** 1896, Palomba. — **14.** 1897, Célice. (7)

---

(1) Fabiani, juge au tribunal de Marseille.
(2) Fargeon, avocat.
(3) Guibal, vice-président au tribunal de Nimes.
(4) Cavalier, procureur général près la cour criminelle du Gard.
(5) Blaignan, avocat général à la cour d'appel de Grenoble.
(6) De Trinquelague père, avocat.
(7) Célice, substitut du procureur général à Aix.

Avocat Général.

1. Ricard (1). — **2.** 1819, Goirand de Labaume. — **3.** 1830, Gilles. — **4.** 1836, Rieff. — **5.** 1843, De Sibert-Cornillon. — **6.** 1848, Démians. — **7.** 1850, Tailhand. — **8.** 1852, Gaillard. — **9.** 1854, Février. — **10.** 1855, Tourné. — **11.** 1858, François. — **12.** 1858, D'Aguilhon-Pujol. — **13.** 1859, Babinet. — **14.** 1860, Connelly. — **15.** 1863, Caresme. — **16.** 1865, Bataille. — **17.** 1873, Clappier. — **18.** 1880, Bernard. — **19.** 1880, Duboin. — **20.** 1883, Cottignies. — **21.** 1885, Bourgeois. — **22.** 1893, Boyer. (2)

Substitut du Procureur Général.

1. Enjalric (3). — **2.** 1821, Fradin. — **3.** 1823, Montplanet. — **4.** 1824, De Bastard. — **5.** 1827, Lapierre. — **6.** 1828, Thourel fils. — **7.** 1831, De Labaume fils. — **8.** 1834, Baragnon. — **9.** 1847, Grelleau. — **10.** 1850, Teissonnière. — **11.** 1855, Tourné. — **12.** 1855, Pelon. — **13.** 1860, Roussel. — **14.** 1865, Faudon. — **15.** 1869, Roussellier. — **16.** 1875, De Curières de Castelnau. — **17.** 1880, Fermaud. — **18.** 1886, Flach. — **19.** 1889, Giraud. — **20.** 1893, Marquet. — **21.** 1900, Colonieu. (4)

Substitut du Procureur Général.

1. Olivier (5). — **2.** 1819, Gonet. — **3.** 1822, Ennemond d'Olivier. — **4.** 1823, Laporte de Belviala. — **5.** 1828, Louvrier. — **6.** 1829, Bourgnon de Layre. — **7.** 1829, Guillet fils. — **8.** 1830, Roussellier. — **9.** 1831, Duluc. — **10.** 1835, Larnac. — **11.** 1839, D'Espinassous. — **12.** 1850, Gaillard. — **13.** 1852, Privat. — **14.** 1854, Brun de Villeret. — **15.** 1858, Blanchard. — **16.** 1864, Coste. — **17.** 1869, Gollety. — **18.** 1873, Pellerin. — **19.** 1873, Pansier. — **20.** 1875, Benoit. — **21.** 1877, Pironneau. —

(1) Ricard, juge auditeur à la cour d'appel.
(2) Boyer, procureur de la République à Avignon.
(3) Enjalric, juge suppléant à la cour criminelle du Gard.
(4) Colonieu, procureur de la République à Marmande.
(5) Olivier, juge auditeur à la cour d'appel de Nîmes.

22. 1886, Jouve. — **23**. 1887, Lefaverais. — **24**. 1896, Pradet-Balade. — **25**. 1900, Sauze. (1)

GREFFIER EN CHEF.

1. Bruyère (2). — **2**. 1857, Gaillard. — **3**. 1894, Boyer. (3)

IX. — Liste des bâtonniers de l'Ordre des avocats depuis 1812. (4)

1. 1812, Grelleau père. — **2**. 1814, Layrac. — **3**. 1818, Grelleau père. — **4**. 1819, Viguié. — **5**. 1821, Monier-des-Taillades. — **6**. 1823, Espérandieu. — **7**. 1823, Deydier.— **8**. 1824, Monier-des-Taillades. — **9**. 1825, Truchaud. — **10**. 1826, Espérandieu. — **11**. 1828, Viger. — **12**. 1829, Viguié. — **13**. 1830, Numa Baragnon. — **14**. 1832, Ferdinand Béchard. — **15**. 1834, Boyer père. — **16**. 1836, Monier-des-Taillades. — **17**. 1837, De Sibert-Cornillon.— **18**. 1838, Alphonse Boyer, dit, alors, Boyer fils.— **19**. 1840, Havart. — **20**. 1842 (17 mars), De Sibert-Cornillon. — **21**. 1842 (26 novembre), Grelleau (Achille). — **22**. 1844, Causse. — **23**. 1846, Fargeon. — **24**. 1848, Michel (Casimir).— **25**. 1850, Valat.— **26**. 1852, Paradan.— **27**. 1854, Grelleau (Achille). — **28**. 1856, Alphonse Boyer. — **29**. 1858, Balmelle. — **30**. 1860, Redon. — **31**. 1862, Laget. — **32**. 1864, Penchinat. — **33**. 1866, Bolze. — **34**. 1868, Boyer (Ferdinand). -- **35**. 1870, Rédarès. — **36**. 1872, Manse. — **37**. 1874, Fargeon (après la célébration, en 1873, de son cinquantenaire professionnel). —

(1) Sauze, procureur de la République au Vigan.

(2) Bruyère, greffier en chef de la cour d'appel.

(3) Boyer, avoué à la cour d'appel.

(4) Nous devons cette liste aux recherches de M⁰ Clauzel, ancien bâtonnier de l'ordre des avocats, secrétaire perpétuel de l'Académie de Nîmes.

38. 1875, Bousquet. — **39**. 1876, Carcassonne. — **40**. 1877, Michel (Louis). — **41**. 1878, Balmelle. — **42**. 1879, Penchinat. — **43**. 1880, Gauger. — **44**. 1882, Gauthier. — **45**. 1884, Clauzel. — **46**. 1886, De Curières de Castelnau. — **47**. 1888, Pascal. — **48**. 1890, Balmelle (après la célébration, en 1890, de son cinquantenaire professionnel). — **49**. 1891, Brunel. — **50**. 1893, Robert. — **51**. 1895, Sanguinède. — **52**. 1897, Bouet. — **53**. 1899, Daudet.

I. — TABLE DES MATIÈRES

PHOTOTYPIES

II. -- INDEX ALPHABÉTIQUE[1]

A

Adrien, empereur, p. 6, 81.

Agau (Canal de l'), p. 24.

Albenas (d'), conseiller au Présidial et historien de Nîmes, p. 4, 7, 36.

Antonin, empereur, p. 6, 81.

Auditoires de la première chambre de la Cour, p, 113, de la deuxième chambre, p. 116, des assises, p. 120, du tribunal d'arrondissement, p. 99, 122, du tribunal de commerce, p. 124.

Augière, architecte, p. 106.

Archives, p. 100, 101, 118, 119.

Argaud, entrepreneur des prisons en 1825, p. 83.

Assises, p. 66, 100, 120.

B

Barutel, carrières de pierres, p. 32, 108.

Bernard-Aton, vicomte de Nîmes, p. 14.

Bernard (de), procureur général, p. 79.

Bibliothèque de la cour d'appel, p. 113.

Boissière (de la), président du conseil supérieur de justice de Nîmes, p. 40.

Bonaparte Lucien, ministre de l'intérieur et frère du premier consul, p. 52, 53, 133.

Bonaparte, premier consul, p. 52, 133.

Bondurand, archiviste, p. 4, 13.

---

(1) Cet index désigne, à la suite de chaque nom, les pages où se trouvent les principaux passages qui le concernent. Pour l'ensemble du Palais, voir la *Table des matières*.

Sauf quelques exceptions, les noms des magistrats ne figurent qu'au tableau spécial : *Annexe VIII.*

G

H

I

J

L

M

N

O

P

Q

R

S

T

V

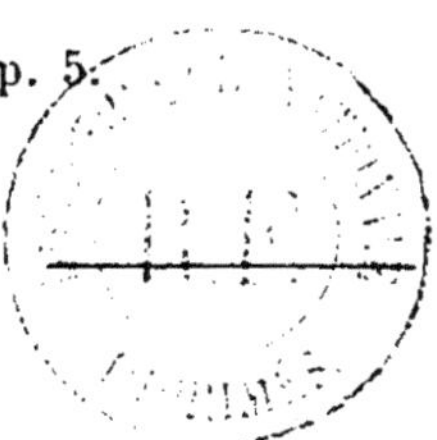

III. -- INDEX DES SOURCES

Archives départementales du Gard : Série C. 154, 204, 751 ; série G. 217 ; série L. 1, 8, 204 ; série N. 5ᵉ division. 1, 2, 3, 4, 5, 12, 22, 31 à 34, 52.

Archives municipales de Nimes : Série LL. 47.

ALBENAS (Poldo d'), *Discours historial de l'illustre cité de Nimes,* 1560.

BALINCOURT (DE), *L'an ienne ville des Arènes (Revue du Midi,* 1896).

BARAGNON, *Abrégé de l'histoire de Nimes.*

BAUDOUIN, *Inventaire des procès-verbaux des Etats de Languedoc.*

BAZIN, *Nimes Gallo-romain,* 1891.

BEAUNE, *Le Palais de Justice et l'ancien Parlement de Dijon,* 1872.

BLANCHARD, *Discours sur le Présidial de Nimes,* 1861.

CARRÉ, *Organisation judiciaire.*

COMBIER, *Etude sur le bailliage de Vermandois et siège présidial de Laon,* 1876.

CRÉPON, *Traité de l'appel.*

Documents relatifs aux travaux du Palais de Justice de Paris, Paris, 1858.

DUCANGE, *Glossaire.*

DURANT Simon, DURAND Henry et LAVAL, *Album archéologique du Gard,* 1853.

DEYRON, *Les anciens bastimens de Nismes.* (Bibliothèque de Nimes, nᵒ 11.450.)

EYSSETTE, *Les origines municipales de Nimes,* 1853.

FAJON, *Les juridictions supérieures de Nimes de 1789 à 1811. —* 1868.

FAJON (anonyme), *Pièces et documents sur la Terreur dans le Gard.*

FARGEON, *Journal manuscrit.* (Papiers de MM. Gaillard, greffiers en la cour.)

Fétu, *Monographie du Palais de Justice de Dijon*, 1873.

Germain, *Léon Ménard, sa vie et ses œuvres*, 1857.

Germer-Durand (E.), *Dictionnaire topographigue du Gard*, 1868,

Germer-Durand (Fr.), *Les enceintes de la ville de Nimes, Promenade d'un curieux dans Nimes*, 1874. Nimes, Catélan.

Germer-Durand (Fr.), *La porte d'Arles et le château royal de Nimes*, 1878.

Goiffon (chanoine), *L'Eglise Saint-Paul.*

Grangent, Durand Charles et Durant Simon, *Description des monuments antiques du midi de la France.* Tome I seul paru, 1819.

Guiran (Gaillard), *Recherches sur la sénéchaussée de Beaucaire et Nimes*, 1666. (Bibliothèque de Nimes, n° 1391.)

Lafarelle (de), *Etudes sur le consulat de Nimes.* Nimes, 1841. Ballivet.

Laferrière, *Histoire des principes, des institutions et des lois pendant la Révolution française*, 1851.

Lauze de Perret, *Troubles du Gard.*

Madier de Montjau fils, *Pièces et documents du procès de Madier de Montjau fils, conseiller à la cour de Nimes*, 1820.

Maucomble (anonyme), *Histoire abrégée de la ville de Nimes*, Amsterdam, 1767.

Maurin (Georges), *L'administration de la colonie Nimoise*, 1884.

Mazel (docteur), *La fin d'une légende.*

Ménard (Léon), *Histoire de Nimes*, 1750.

Mérimée, *Voyage dans le midi de la France.*

Michel (Albin), *Nimes et ses rues*, 1876.

Michel (Nicolas), *Histoire des artistes du département du Gard*, 1859.

Nisard (D.), *Histoire de Nimes*, 1835.

Pelet (A.), *Essai sur l'emplacement du Théâtre ou du xyste de la colonie de Nimes.*

Pelet (A.), *Essai sur la destination première de la Maison-Carrée.*

Pelet (A.), *Description de l'amphithéâtre de Nimes,* 1859.

Perrier, *Histoire des sénéchaux et connétables de France,* Baudoin, 1893.

Pieyre (A.), *Histoire de Nimes depuis 1830.*

Pieyre (A.), *La Fontaine de Pradier (Revue du Midi,* 1899).

Pironneau, *Le pays et bailliage de Vivarais,* 1878.

Puech (docteur A.), *Nimes à la fin du XVIe siècle,* 1884.

Puech (docteur A.), *Les anciennes juridictions de Nimes.* (*Mémoires de l'Académie de Nimes,* 1889-1890.)

Randon de Grolier, *Les bâtiments départementaux du Gard,* Nimes, Gory, 1894.

Rémy (Emile), *Le Palais de Justice de Grenoble,* 1897.

Révoil, *L'architecture romane du Midi de la France.*

Rich (Antony), *Dictionnaire des antiquités grecques et romaines.*

Rivoire, *Statistique du Gard,* 1842.

Roussellier, *La cour des Conventions royaux,* 1877.

Rouvière (Fr.), *Histoire de la Révolution française dans le Gard.*

Rouvière (Fr.), *L'aliénation des biens nationaux dans le Gard.*

Rouvière (Fr.), *La démolition des remparts de Nimes.* (*Revue du Midi,* 1898.)

Rouvière (Fr.), *A la recherche d'une inscription.* (*Revue du Midi,* 1899.)

Rulman (Anne), *Antiquités de Nismes,* (n° 180 des manuscrits de la Bibliothèque de Nimes).

Rulman (Anne), *Harangues et plaidoyers.*

Rulman (Anne), *Œuvres meslées,* Nimes, 1630. Bibliothèque de Nimes, n° 11.450.

Simon (Joseph), *Histoire des Juifs de Nimes au moyen âge,* Nimes, Catélan, 1886.

Vincens et Baumès, *Topographie de Nimes,* 1802.

Viollet-Leduc, *Entretiens sur l'architecture.*

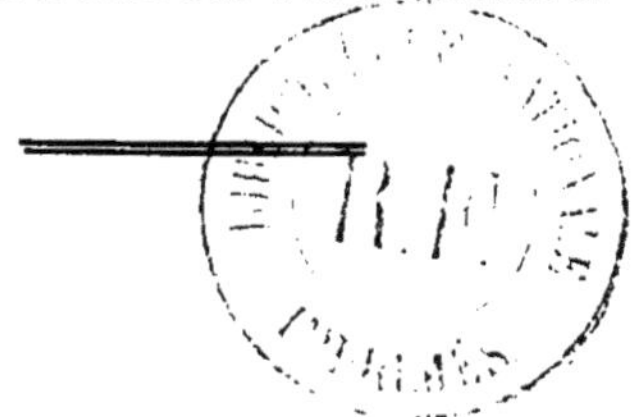

Nimes. — Typ. A. Chastanier, 12, rue Pradier.